Heinrich Lützelers fröhliche Wissenschaft

In dieser Vorlesung darf gelacht werden

Band 569, 128 Seiten, 3. Auflage

Die moderne Wissenschaft nimmt sich sehr ernst. Sie hat darüber den Humor verloren. Was das für ein Verlust ist, wird dem Leser dieses Taschenbuches bald klar. Hier wird nämlich ein Kontrastprogramm geboten: fröhliche Wissenschaft. Der Autor ist der Meinung, daß man Geschichte und Gegenwart nicht verstehen kann ohne den zurechtrückenden, Maßstäbe setzenden Witz; darum Wissenschaft in der Karikatur, kölsche Mundart und Humor in der Geschichte. In seiner Vorlesung darf gelacht werden.

in der Herderbücherei

Heinrich Lützeler

Kunsterfahrung und Kunstwissenschaft

Systematische und entwicklungsgeschichtliche Darstellung und Dokumentation des Umgangs mit der Bildenden Kunst

1975. 3 Leinenbände, zusammen 1958 Seiten
mit 140 Abbildungen auf 104 Tafeln und 30 Abbildungen im Text
(Reihe: Orbis academicus. Problemgeschichten der Wissenschaft in Dokumenten und Darstellungen)

Das ganze Spektrum der Kunstwissenschaft, aufgefächert in die vielfältigen Erscheinungsformen des Kennens, Erklärens und Verstehens von Kunst, wird von Heinrich Lützeler historisch und systematisch abgehandelt und mit über 250 Quellentexten dokumentiert. Klar in der Diktion und übersichtlich gliedernd, beschreibt Lützeler, wie Architektur, Skulptur, Malerei, Zeichnung, Druckgraphik, Ornamentik und Kunsthandwerk erfahren werden können, und berücksichtigt auch die außerwissenschaftlichen Zugänge zur Kunst: unmittelbares Erleben, dichterische Begegnung, Reisebücher, Künstlerviten, Chroniken, Kunstkritik, Äußerungen von Künstlern über Kunst. Dabei bezieht er sich stets konkret auf einzelne Kunstwerke und ihren geschichtlichen Kontext. So tritt neben die wissenschaftliche Erörterung und die theoretische Besinnung die praktische Unterweisung des Kunstliebhabers in kritischer Kennerschaft. Ausführliche Register schlüsseln die Materialfülle auf und machen das Werk – Summe der Erfahrungen eines bedeutenden Gelehrten im Umgang mit der Kunst – zugleich zu einem enzyklopädischen Handbuch und Nachschlagewerk. Die Bibliographie bringt über 3100 Titel.

Verlag Karl Alber, Freiburg/München

Herderbücherei

Band 668

Über das Buch

Funktionäre, Macher, Bürokraten prägen weithin die Gegenwart. Persönlichkeiten sind selten geworden: Leute mit schöpferischer Kraft – solche, die ursprünglich leben und erleben – die Zukunft vorbereiten – die zwar durchaus fehlbar sind, aber schließlich ihren Weg gehen und geradezustehen wissen.
Lützeler hat viele bedeutende Menschen unserer Zeit kennengelernt und schildert sie so unmittelbar, daß wir sie vor uns sehen. Ihm gelingen literarische Porträts, Bildnisse in Worten – gewiß eine Leistung. Dabei teilt er auch viele Sachbezüge und geschichtliche Tatsachen mit, doch stets von den Persönlichkeiten her und zu ihnen hin.
Gruppe, Norm, Computer, Planung und schließlich Planung der Planung, das sind Idole unserer Zeit. In dem knappen Buch von Lützeler dagegen, in dem kein Wort zuviel steht, leuchtet der Mensch auf.

Über den Autor

Heinrich Lützeler, geboren am 27. Januar 1902 in Bonn. Schüler von Paul Clemen (Kunstgeschichte), Max Scheler (Philosophie), Oskar Walzel (Literaturwissenschaft). 1924 Dr. phil. Von 1930 bis 1940 Privatdozent der Philosophie in Bonn. 1940 bis 1945 von den Nationalsozialisten aus der Universität ausgeschlossen und mit einem Rede- und Schreibverbot belegt. 1946–1970 ordentlicher Professor der Kunstgeschichte in Bonn und Direktor des dortigen Kunsthistorischen Instituts; Direktor des Seminars für Orientalische Kunstgeschichte. Viele Forschungsreisen: Europa, Ägypten, Asien.

Heinrich Lützeler

Persönlichkeiten

Konrad Adenauer, Paul Clemen,
Kardinal Frings, Johannes XXIII.,
Erich Rothacker, Max Scheler

Auf der anderen Seite:

Funktionäre, Bosse, Bürokraten

Herderbücherei

Originalausgabe
erstmals veröffentlicht als Herder-Taschenbuch

Herder Freiburg · Basel · Wien
Herstellung: Freiburger Graphische Betriebe 1978
ISBN 3-451-07668-3

Inhalt

Ein Bewahrer und Erretter

PAUL CLEMEN (1866–1947)

Ein Genie

MAX SCHELER (1874–1928)

ES WIRD EINE PERSÖNLICHKEIT

Einleitung

Was heißt „Persönlichkeit"?

1. MAN

Politik

Sie sahen gewiß schon im Fernsehen, wie die deutschen Bundestagsabgeordneten den Großen Sitzungssaal betraten – freundlich sich begrüßend und ein wenig würdevoll. Wir kennen höchstens zehn Prozent der dort Versammelten mit Namen. Die übrigen bewegen sich mehr oder minder unter dem Leitwort: „Ferner liefen ..." Nichts gegen diese überwiegende Gruppe; sie können ja an ihrem Wahlort durchaus Gutes wirken. Nur genügt das nicht zur Teilnahme an den fundamentalen Aufgaben eines Gremiums, das die Formen unseres gesellschaftlichen Zusammenseins und das Verhalten unseres Staates zu anderen Staaten und letztlich zur Welt bestimmt.

Sicher muß es Parteien geben, und das bedeutet in jedem Fall eine Einschränkung der Individualität. Mit einem Gewimmel von einzelnen kann man keine Politik machen. Parteien sind Instrumente staatlichen Handelns. Aber heute werden sie häufig zu Diktatoren des staatlichen Handelns, und das Gewimmel der einzelnen weicht der Blockbildung – das eine so ungut wie das andere.

Ich denke an die obersten Entscheidungs- und Verwaltungsorgane meiner, der Bonner Universität, an den Senat und seine Kommissionen. Ich war oft darin tätig. Wir sprachen uns aus und setzten uns auseinander. Argument stand gegen Argument. Manchmal wechselten wir im Lauf der Debatte unseren Standpunkt und sahen am Ende die Probleme ganz anders als zu Beginn der Sitzung. Aus einem Prozeß des Durchdenkens, oft des Umdenkens ging der Entschluß, der Beschluß hervor. Wir schielten nicht nach rechts oder links, nach dem Beifall oder dem möglichen Mißfallen der Kollegen; wir nahmen keine Rücksichten, sondern fühlten uns frei zur Sache hin. Der Einzelne blieb dabei er selbst und verlor sich nicht an Dies und Das, welches Macht hatte.

In den politischen Gremien – gleich ob Stadt-, Landes- oder Bundesparlament – droht der Einzelne unterzugehen. Man fängt – begierig, Abgeordneter zu werden – irgendwo unten, „an der Basis“, klein an und dient sich allmählich hoch. Dabei blickt man vorsichtig nach allen Seiten, um nur ja nicht anzuecken. Schließlich erreicht man das Ziel „Ferner liefen ...“ oder auch mehr. So bleicht allmählich die Individualität aus. Viele werden von Organisationen in den Bundestag geschickt, dessen Mitglieder zu etwa 50 Prozent aus Funktionären bestehen. Funktionäre vertreten festgelegte Ansichten und unterstehen den Weisungen, wenn nicht sogar dem Befehl von Interessengruppen, die also aus dem Hintergrund regieren.

Manchmal finden Abstimmungen unter Fraktionszwang statt – in den meisten Fällen wohl unvermeidlich, weil sonst eine Mehrheitsbildung nicht zu erreichen wäre, immer aber mit der Gefahr, daß der Einzelne sich innerlich verfälscht.

Ein Höhepunkt der Entselbstung ergibt sich dann, wenn man den Wähler zum Maßstab aller Dinge macht. Man beauftragt Meinungsforschungsinstitute, den Willen, die Neigungen, die Launen des Wählers zu erkunden. Dann erhitzt man sich bei dem Gedanken: wie vermeide ich den Verlust von Wählern, wie gewinne ich welche hinzu, wie rücke ich meine Partei in ein günstiges und die gegnerische Partei in ein ungünstiges Licht? Eine solche Haltung ist typisch für Schwächlinge, deren einzige Sorge es ist, oben zu bleiben, mit dem Strom zu schwimmen. So schlossen sich im Dritten Reich manche Kollegen an der Universität der NSDAP an – einige vorsichtigerweise nur als Sympathisanten, da man ja nicht wußte, wie die Angelegenheit ausgehen würde. Entsprechendes geschah beim Linksdrall der späten 60er Jahre; man entdeckte sein linkes Herz und setzte plötzlich einen Abstand zwischen sich und den „nicht Fortschrittlichen“. Einige Zeit später freilich, als die Dinge nicht so liefen, wie erwartet, wußte man überhaupt nicht mehr, daß man ein linkes Herz gehabt hatte. Das Motto war auch da: Wie bleibe ich oben?

Wird eine Lage schwierig, so verdrängt nicht selten die Parteipropaganda die doch eigentlich selbstverständliche

Aufgabe, der Schwierigkeit auf den Grund zu gehen. Eine Abhöraffäre in Bonn. In beiden Lagern der Regierungsparteien zornige Leute zuhauf. „Doch die Auflehnung bündelte sich nicht zum Drang ins letzte Gefecht." Das Ergebnis der Überlegungen nach 72 Stunden: „Ein latentes Mißtrauen, die Angst, daß der jeweils andere sich die weißere Weste anziehen könnte"[1]. Das ist geradezu eine Formel für den Vorrang der Macht vor der Sache; Machtkämpfe treten an die Stelle von Sachkämpfen. Hier setzt sich im Grunde ein infantiles Verhalten fort: zwei Jungen prügeln sich wüst; man stellt sie zur Rede. Jeder schreit: „Der andere hat angefangen!", und: „Als ich ihn vertobakte, schlug ich viel anständiger zu als er."

Ich fragte einmal Adenauer, ob er als Oberbürgermeister von Köln bei Abstimmungen über seine Vorschläge auch schon einmal unterlegen sei. Er zögerte ein wenig und sagte dann mit beruhigendem rheinischem Akzent: „Eijentlich nicht." Wie er das denn gemacht habe? Er antwortete gelassen: „Ich hab' die eben überzeucht." Er steuerte Ziele an und wußte sie einsichtig zu machen. Er hatte den Mut zum Alleinsein und vertrat das als richtig Erkannte ohne Rücksicht auf Verluste. Er redete nicht nach dem Munde und war nicht auf Beifall aus. Er hielt nichts vom lauen Taktieren und ließ sich nicht mit verfettetem Lächeln „Schlitzohr" nennen. Er ging manchmal auch mit dem Kopf durch die Wand, und es geschah nicht selten, daß die Wand dann zurückwich. Und wenn er den Plan einer Kölner Rheinbrücke nicht mit den Stimmen des Zentrums durchbekam, dann eben mit den Stimmen der Kommunisten. Nachher fanden alle die Brücke gut und sogar schön. Für Adenauer wäre die Frage irrsinnig gewesen: „Wie bleibe ich oben?" Er war eben oben (vgl. den Abschnitt „Persönlichkeit", S. 22–32).

Eine eigene Form der Entpersönlichung tritt bei Politikern dann ein, wenn sie ihr Selbstsein an ein Leitbild verlieren. Sie spielen dann die Rolle „Staatsmann" oder „Macher". Sie sind ganz Ruhe und Überlegenheit und erscheinen in einer stürmischen Situation so, als ob sich für sie schon alles geordnet habe aus ihrer Gabe der Klarheit und Tatkraft. Charakteristisch ist der Stil, in dem sie als Rollenträger vor der Öffentlichkeit reden: lauter Allgemeinheiten, Flachheiten, umständlich nichtssagende Sätze. Die Sprache tönt von selber aus einem Vorrat an Phrasen. So nimmt man sich in acht, da eine bezeichnende Sprache ja auch Anstoß bei diesen und jenen erregen könnte. Je blasser, desto besser – schroffer Gegensatz zur Persönlichkeit.

Verwaltung

Fährt man, von Koblenz kommend, in den Bahnhof Bonn ein, so tut man einen Blick auf den Kaiserplatz, an dem die durchgeformte Stadt mit Münster, Universität, Poppelsdorfer Allee, Hofgarten, Rheinufer, Markt beginnt. Dieser Platz ist urbanistisch eine Ouvertüre. Nun sollte man meinen, die Ouvertüre setze in den Eckbauten mit einem vollen Klang ein. Aber dort stehen, mächtig aufragend, zwei architektonisch erfindungslose Gebilde: Banken. So verkünden die Bonner ihren mit der Bahn ankommenden Gästen: „Ein' feste Burg ist unser Geld, / Eine gute Wehr und Waffen."

Dies aber ist erst der Anfang; es kommt schlimmer – etwa südlich am Rhein, wo ein Abgeordnetenhaus so hoch aufragt wie der die Stadt begleitende und luftig begrenzende Venusberg. Doch lassen wir nun Bonn beiseite; in anderen Städten geschieht genauso der Verlust der Maße, der Formen, des Persönlichen. Für unsere Zeit ist grundlegend das Phänomen, daß im Stadtbild die Monumente der verwalteten Welt beherrschend werden: Rathaus / Polizeipräsidium / Versicherungskonzerne / Gewerkschaftspaläste / Baugenossenschaften / Banken / Warenhäuser / Supermärkte / Siedlungen mit tausend gleichförmigen Wohnungen, in denen der Einzelne nur noch eine Nummer ist / Hotelballungen, besonders in Spanien, gemäß dem Glaubensbekenntnis „Credo in unum tourismum" (siehe etwa auf Mallorca, besonders in Magalluf). Institutionen aller Art verdrängen das Individuelle, geschweige denn das Gewachsene. Die Bürokratie hat städtebaulich die Macht.

Was wir bauen, sind wir selbst. Wir planen fortwährend, ja betreiben inzwischen die Planung der Planung. Wir programmieren und ersticken in Fragebögen. Wir schaffen uns einen Kultus der Norm. Schließlich gilt nur noch, was der Computer auswerten kann. Management, Technologie surrt es um uns. Ein eigener Typ des Menschen tritt nunmehr in die erste Reihe: der Macher, der nur noch das Machbare gelten läßt (vgl. S. 11). Darüber vergißt man, daß die Menschheit noch immer aus Entwürfen gelebt hat. Die Entwürfe mochten zuerst utopisch, ja unsinnig erscheinen; aber sie ermöglichten Zukunft und bestimmten sie am Ende. Macher dagegen verharren im engsten Kreis des gerade Verfügbaren; unter ihrer Herrschaft verödet das Leben. Entwerfer waren die großen Künstler aller Zeiten, und manchmal sagt man noch heute vor den so entstandenen Werken, etwa der Hagia Sophia in Istanbul: „So was hält man eigentlich nicht für möglich!" Die Macher hätten den Impressionisten zugeredet: „Malt doch nicht so absurd! Was ihr wollt, ist nicht machbar." Aber die Künstler hielten durch unter größten Schwierigkeiten, die sie beinah zum Selbstmord trieben, und heute freuen wir uns an ihren Bildern. Entwerfer waren Denker wie Platon (428/427–347 v. Chr.), Aristoteles (384–322/321 v. Chr.), Augustinus (354–430); sie prägten Jahrhunderte. Entwerfer war ein Politiker vom Range des Augustus (63 v. Chr. bis 14 n. Chr.), der eine der dauerhaftesten Staatsformen der Welt schuf – mit dem Ergebnis, daß das Mutterland Italien rund 300 Jahre Ruhe vor äußeren und inneren Feinden hatte, Südfrankreich rund 460 Jahre und Spanien gar 550 Jahre[2]. Entwerfer waren die vom Bestehenden sich lösenden Rufer nach einer neuen Gesellschaft wie Jean Jacques Rousseau (1712–1778) und die Aufklärer, ohne die die bürgerliche Kultur des 19. Jahrhunderts undenkbar gewesen wäre. Entwerfer eines neuen Lebensstils wurden viele Techniker; aber ursprünglich waren sie nach dem Urteil der Allgemeinheit kaum mehr als Bastler: einer Dampfmaschine, des Telefons, des Flugzeugs. Es waren alles einsame und entschiedene Leute, keine Exponenten der öffentlichen Meinung. Universitäten bleiben lebendig nur durch solche Leute, die nicht dem wissenschaftlichen „Trend" folgen. Auch brauchen sie solche, die als einzelne ein ganzes Werk zu schaffen wissen; das Teamwork hat seine Grenze.

Wie oft schon sind die Macher mit ihrer Machbarkeit hereingefallen! Die Straße der Computer und der Futurologie ist mit Reinfällen gepflastert. In Abständen glossieren kluge Wirtschaftsexperten in Zeitungen ironisch die Wahnbilder „führender" Politiker; ach, diese Großen und Kleinen Propheten!

Man notiere einmal aus den letzten Abschnitten die Fremdwörter, besonders die Amerikanismen[3], die zur heutigen deutschen Alltagssprache gehören: Computer / Futurologie / Lobby / Manager und Management / Norm / Teamwork / Technologie / Trend. Sie alle betreffen Unpersönliches, anonyme Mächte. Und es folgt wieder ein alltäglich gewordenes Fremdwort gleicher Art:

Slogan

Die Entselbstung in der Politik und die Entselbstung durch Verwaltung sind begleitet von einer Entselbstung der Sprache. Den einfachsten Leuten, die nie von einer Fremdsprache gehört haben, ist geläufig der Ausdruck „Slogan"; es würde ihnen schwerfallen, ihn ins Deutsche zu übersetzen. Duden[4] erklärt ihn als Werbeschlagwort oder Werbezeile, Wahlspruch, Parole. Redensarten klingeln; Schablonen ersetzen das treffende Wort. Es gibt ganze Gespräche, ganze Ansprachen, aus denen der Mensch verschwunden, in denen er durch ein Gefüge aus Phrasen ersetzt ist. Für den Fall aber, daß auch die Phrasen sich dem Ende nähern, hat man wieder einen Slogan bereit: man legt eine „Denkpause" ein.

Die Entselbstung der Sprache zeigt sich auch in der Tendenz zu „Kürzeln": sie verdrängen Anschaulichkeit und Unmittelbarkeit zugunsten von Formeln. Ein Wörterbuch der deutschen Abkürzungen zählt 35000 solcher Buchstaben-Gespenster auf[3]. Dabei ist tröstlich, daß selbst die Durchrationalisierung noch zu reizvollen Verwechslungen führen kann. Ein Beispiel: der OB (= Oberbürgermeister) findet eines Morgens auf seinem Schreibtisch folgende Notiz vor: „Heute 11 Uhr UB Mag; danach BDM. Sekr". Er geht also in die Universitätsbibliothek (= UB). Dort ist man sehr überrascht, ihn so plötzlich zu sehen. Unbeirrt fordert er „Mag", und so führt man ihn ins Magazin. Er läßt sich konsterniert achitektonische Einzelheiten erklären, in der Annahme, daß sie für seine Arbeit in der städtischen Bauverwaltung nützlich werden könnten, und fragt schließlich: „BH?" Der Direktor antwortet: „Nein, die Arbeit im Magazin ist schwer und wird ausschließlich von Männern wahrgenommen; also nichts von BH (= Büstenhaltern)." Der OB wird immer verwirrter und forscht weiter: „Wie kommt es, daß Sie hier noch immer den Nazistischen Bund Deutscher Mädchen (= BDM) haben?" Der Direktor hält daraufhin den OB für leicht „def“ (= defekt oder defizitär oder deformiert oder alles zusammen). Schließlich erkundigt sich der OB: „Was haben Sie in der UB eigentlich mit Sekr (= Sekretion) zu tun?“ Die Lösung des Rätsels ergab sich wenig später: der Oberbürgermeister (= OB) sollte um 11 Uhr vormittags über Unterhaltsbeihilfe (= UB) mit dem Magistrat (= Mag) beraten. Seine Erkundung „BH“ galt der Bauhöhe im Magazin und nicht der Beschäftigung von Beamten mit Büstenhaltern. Nach der Beratung mit dem „Mag“ sollte der OB den Vorstand des BDM (= Bund Deutscher Mopedfahrer) empfangen. In der Wüste der Kürzel möchte unser Beispiel trotz allem der Natürlichkeit wieder zum Durchbruch verhelfen.

Die Slogans in der Fernseh-Reklame haben breiteste Wirkung, weil sie eine heile, ja paradiesische Welt vorgaukeln. Der Fußboden sei schmutzig? Unsinn, man verwende das Reinigungsmittel „Schmutzbremse“; die Wäsche mache viel Arbeit? Unsinn, die Chemie bietet an „Mehr Waschkraft ohne Risiko“. – Es gibt Existenzprobleme. Man sehnt sich nach einem „festen Boden unter den Füßen“; die Versicherung hält ihn bereit. Einige Leute sind krank, aber das ist nicht erheblich; denn „Ihr Apotheker ist ja da – beruhigend, daß es ihn gibt“. – Das gute Essen kommt beinah von selber zustande. Sauerbratenfix, ohne Einlegen, ein Kaffee-Traum, auch ein Normalgericht ins Mythische erhöht: „Dotterfrisch und kernig-zart“. – Doch nun erst erglänzt der eigentliche Mythos: daß ein Mann attraktiv wirkt: „Ihre Frisur ist Ihr Geheimnis“, daß ein Parfum „einen Hauch von ihrer Zärtlichkeit“ verbreitet, daß eine Seife die begehrte „wilde exotische Frische“ bringt; ein Leckerli hat den nicht mehr zu überbietenden Titel: „Die Laune der Götter“. Diese Slogans sind alle auf das Man abgestimmt: *man* sorgt und sehnt, *man* freut und träumt sich so. Einzelhändler berichteten mir, daß, wenn das Fernsehen an einem Abend ein neues Allheilmittel erstmalig vorgestellt habe, die Kunden bereits am nächsten Morgen danach fragten und es kaufen wollten. Dieser Randbezirk unseres Lebens ist gewiß nicht erheblich; aber er weist doch darauf hin, daß originelle Frauen und originelle Männer heute in der Minderzahl sind.

Auch die Politik bedient sich der Slogans und beauftragt Werbetechniker vor allem bei einer anstehenden Wahl, eine suggestive Formel für Plakate und Anzeigen zu finden, die das kritische Besinnen zudeckt. Dabei sind die Ergebnisse manchmal drollig. Vor einiger Zeit hieß der Wahlspruch einer Partei: „Auf den Kanzler kommt es an"; aber derjenige, dessen weisheitsgesättigtes Antlitz beruhigend von den Plakaten schaute, wurde gar nicht Kanzler, und der Kanzler wurde, trat nach einiger Zeit, schwer verwundet, zurück. Das Wahlplakat ist schnell vergessen und kehrt gleichwohl bei der nächsten Wahl mit einem neuen Wortschlager wieder. So verdrängt es die Wirklichkeit.

Mit Vorliebe bedienen sich Ideologien der *Wortstempel* – aus wohlerwogenen Gründen, da sie so den Menschen die Selbständigkeit austreiben und sie in die Hand bekommen können. Sprachschemata sind nützlich, weil sie Denkschemata erzeugen. Denkschemata aber braucht man zur Ausbreitung der Herrschaft. Werner Betz hat die politische Sprachlenkung am Leipziger Duden untersucht. „Zionismus" heißt im Duden der Bundesrepublik die „jüdische Bewegung zur Gründung und Sicherung eines nationalen jüdischen Staates in Palästina (Israel)", im Leipziger Duden aber „reaktionäre bürgerlich-nationalistische jüdische Bewegung im Dienste des amerikanischen Imperialismus"; die sachliche Erklärung ist also begraben unter politischen Vorurteilen. „Für ‚Objektivismus' liegen drei Definitionen vor: 1951 ‚als Objektivität getarnte Tendenz, Entscheidungen auszuweichen und gegnerische Meinungen anzuführen, die für die behandelte Frage bedeutungslos sind'; 1954 ‚als Objektivität getarnte Tendenz, Entscheidungen auszuweichen und gegnerische Meinungen anzuführen, wodurch dem Gegner gedient wird'. Und 1957 wird Objektivismus neu definiert als ‚Erkenntnismethode, die unter dem Anschein wissenschaftlicher Objektivität wesentliche gesellschaftliche Zusammenhänge außer acht läßt und sich auf eine wahllose passive Registrierung von Ereignissen und Meinungen beschränkt'. Man könnte aus einer genauen und vollständigen Beobachtung dieser wechselnden Definitionen wahrscheinlich eine Art Geschichte der politisch-semasiologischen Strategie gewinnen."[5] Für die Wortstempel der Ideologen ist die Erfindung einer Fachsprache bezeichnend, in der schließlich die Fremdwörter überwiegen. Eine Schrift aus dem Jahre 1968 hat den Titel „Die repressive Universität"[6] und leitet das Thema folgendermaßen ein: (Die Universität) „züchtet

Ideologen heran, die für Verschleierung bis Unterdrückung der von den Widersprüchen des Systems bedingten Konflikte zu sorgen haben. So bleibt die Universität eine Oase von l'art-pour-l'art-Fächern (Philologien, Archäologien, Kunstgeschichten usw.), wo Privilegierte an so intensiv betriebener wie unproduktiver, an so absorbierender wie eben doch gar nicht unangenehmer Arbeit, fern vom abscheulichen Betrieb der gesellschaftlichen Reproduktion, sich delektieren dürfen. Dies Privileg muß nicht Klassenprivileg sein; es kann durch Stipendiatsprüfungen, Ferienarbeit, Hilfskrafttätigkeit, langes Existenzminimum erkauft werden. Gekauft wird so die Ware ‚Privatemanzipation in parasitäres Dasein'."

Man hat heute den Begriff „Parteichinesisch" geprägt, „ironisch abwertend für: dem Außenstehenden unverständliche Parteisprache"[7]. Das Wahlplakat ist eine Banalität für alle, das Parteichinesisch eine Banalität für die Auserwählten. Es ist – bei dürftigem Inhalt – bewußt künstlich und kompliziert, weil es Erkennungszeichen einer sich selbst für wach, kühl, schnittig-schneidig haltenden Elite sein will. In solcher Abgrenzung vom unmittelbaren Sprechen bekennt die Elite: „Wir haben alles durchdacht. Wir beziehen uns ständig auf das gesellschaftlich Bedeutsame. Wir steuern in jedem Satz unsere Kampfziele an. Unsere Klarheit steht gegen euer Wischiwaschi, unsere Schärfe gegen euer Vielleicht / ja, aber / sowohl als auch". Die Wortstempel der Ideologien töten um der Macht willen die persönliche Ausdrucksweise und manipulieren die Sprache. „Der alte Lautkörper ‚Aggression' hat im Westdeutschen", stellt Betz fest[5], „wie bisher die Bedeutung ‚Überfall', ‚militärischer Überfall' im ganz allgemeinen Sinn. Im Mitteldeutschen hat er aber, laut Leipziger Duden, die Bedeutung ‚imperialistischer Überfall'... ‚Aggression' kann also ein kommunistischer Staat nach dieser Terminologie gar nicht mehr begehen. Hier wird jene totale Sprachlenkung versucht, wie sie Orwell in seiner Utopie ‚1984'[8] entwickelt hat. In dieser ‚Neusprache' hat dann ‚frei' nur mehr die Bedeutung ‚frei von Läusen', ‚frei von Unkraut', aber nicht mehr ‚frei vom Zwang', ‚frei von Unterdrückung', ‚frei zur Selbstbestimmung'. Das „Konzentrationslager' heißt ‚Lustlager', das ‚Kriegsministerium' ‚Minipax' (Ministerium des Friedens). Ihre Krönung erhält diese Pervertierung der Begriffe in der immer wiederkehrenden Generalparole: ‚Krieg bedeutet Frieden, Freiheit ist Sklaverei, Unwissenheit ist Stärke'." Was hier geschieht, fängt das erst in unserer Zeit geläufige Fremdwort „Manipulation" auf – nach Duden[9]: „1. bewußter und gezielter Einfluß auf Menschen ohne deren Wissen und oft gegen deren Willen (z.B. mit Hilfe der Werbung). 2. absichtliche Verfälschung von Information durch Auswahl, Zusätze oder Auslassungen. 3. (meist Plural) Machenschaft, undurchsichtiger Kniff". Ein „Manipulator" ist jemand, „der andere zu seinem eigenen Vorteil lenkt oder beeinflußt".

Das Man und das Selbstsein

Wir haben in diesem einleitenden Abschnitt die Entselbstung des Menschen in der Politik, der Verwaltung und im Slogan zu schildern versucht, als eine Verfallenheit an das Man. Martin Heidegger hat zwischen 1927 und 1935 eine Philosophie der menschlichen Existenz entworfen und ein eigenes Kapitel dem Zerfall der menschlichen Existenz gewidmet unter der Überschrift „Das alltägliche Selbstsein und das Man" (§ 27)[10].

Zwar besteht die Gefahr, daß der Mensch nicht mehr sich selbst verwirklicht, sondern in seine Umwelt hinein vergeht, zu allen Zeiten – gestern, heute und morgen. Aber es ist kein Zufall, daß die Existenz des Menschen in der Philosophie der Gegenwart gerade unter dieser Perspektive betrachtet worden ist. Zur Vorbereitung auf den Gegenpol des Man erwägen wir einige Sätze Heideggers: „Das Dasein steht als alltägliches Miteinandersein in der *Botmäßigkeit* der Anderen ... Das Belieben der Anderen verfügt über die alltäglichen Seinsmöglichkeiten des Daseins. Diese Anderen sind dabei nicht *bestimmte* Andere. Im Gegenteil, jeder Andere kann sie vertreten ... Man selbst gehört zu den Anderen und verfestigt ihre Macht. ‚Die Anderen', die man so nennt, um die eigene wesenhafte Zugehörigkeit zu ihnen zu verdecken, sind die, die im alltäglichen Miteinandersein zunächst und zumeist ‚*da sind*'. Das Wer ist nicht dieser und nicht jener, nicht man selbst und nicht einige und nicht die Summe Aller. Das ‚Wer' ist das Neutrum, *das Man*.

Früher wurde gezeigt, wie je schon in der nächsten Umwelt die öffentliche ‚Umwelt' zuhanden und mitbesorgt ist. In der

Benutzung öffentlicher Verkehrsmittel, in der Verwendung des Nachrichtenwesens (Zeitung) ist jeder Andere wie der Andere. Dieses Miteinandersein löst das eigene Dasein völlig in die Seinsart ‚der Anderen' auf, so zwar, daß die Anderen in ihrer Unterschiedlichkeit und Ausdrücklichkeit noch mehr verschwinden. In dieser Unauffälligkeit und Nichtfeststellbarkeit entfaltet das Man seine eigentliche Diktatur. Wir genießen und vergnügen uns, wie *man* genießt; wir lesen, sehen und urteilen über Literatur und Kunst, wie *man* sieht und urteilt; wir ziehen uns aber auch vom ‚großen Haufen' zurück, wie *man* sich zurückzieht; wir finden ‚empörend', was *man* empörend findet...

Die *Durchschnittlichkeit*... ist ein existenzialer Charakter des Man. Dem Man geht es in seinem Sein wesentlich um sie. Deshalb hält es sich faktisch in der Durchschnittlichkeit dessen, was sich gehört, was man gelten läßt und was nicht, dem man Erfolg zubilligt, dem man ihn versagt. Diese Durchschnittlichkeit in der Vorzeichnung dessen, was gewagt werden kann und darf, wacht über jede sich vordrängende Ausnahme. Jeder Vorrang wird geräuschlos niedergehalten. Alles Ursprüngliche ist über Nacht als längst bekannt geglättet. Alles Erkämpfte wird handlich. Jedes Geheimnis verliert seine Kraft."

Die Seinsweise des Man ist „die Öffentlichkeit". „Sie regelt zunächst alle Welt- und Daseinsauslegung und behält in allem Recht. Und das nicht auf Grund eines ausgezeichneten und primären Seinsverhältnisses zu den ‚Dingen', nicht weil sie über eine ausdrücklich zugeeignete Durchsichtigkeit des Daseins verfügt, sondern auf Grund des Nichteingehens ‚auf die Sachen', weil sie unempfindlich ist gegen alle Unterschiede des Niveaus und der Echtheit...

Das Selbst des alltäglichen Daseins ist das *Man-selbst,* das wir von dem *eigentlichen,* das heißt eigens ergriffenen *Selbst* unterscheiden. Als Man-selbst ist das jeweilige Dasein in das Man *zerstreut* und muß sich erst finden... *Zunächst* ‚bin' nicht ‚ich' im Sinne des eigenen Selbst, sondern die Anderen in der Weise des Man... Zunächst ist das Dasein Man und zumeist bleibt es so. Wenn das Dasein die Welt eigens entdeckt und sich nahebringt, wenn es ihm selbst sein eigentliches Sein erschließt, dann vollzieht sich dieses Entdecken von ‚Welt' und Erschließen von Dasein immer als Wegräumen der Verdeckungen und Verdunkelungen, als Zerbrechen der Verstellungen, mit denen sich das Dasein gegen es selbst abriegelt." So beschreibt Heidegger das alltägliche Selbstsein als ein durchgängiges Fremdsein. Seine Phänomenologie des ‚Man" dient im vorliegenden Zusammenhang als Folie für die Persönlichkeit.

2. PERSON

Das spezifisch Menschliche

Wilhelm Wundt (1832–1920)[11] hat den Menschen als Einheit von Fühlen, Denken und Wollen definiert. Diese seine ureigene Kraft gibt er auf, wenn er ein Anderes für sich fühlen, denken und wollen läßt: die Partei, die Verwaltung, die Ideologie. – Der Mensch grenzt sich nach Christian Wolff (1679–1754) dadurch vom Tier ab, daß er seiner selbst bewußt ist und frei sich entscheiden kann. Das Tier weiß nicht, wer es selber ist, und tut, was es tun muß. Ein anonym Anderes denkt und handelt in ihm. – Immanuel Kant (1724–1804) setzt in der „Kritik der praktischen Vernunft"[12] auseinander, daß „die Persönlichkeit die Freiheit und Unabhängigkeit von dem Mechanismus der ganzen Natur" verwirklicht.

Eine kleine Anmerkung von heute her sei gestattet: Wo findet sich bei uns das spezifisch Menschliche eher – beim Mann oder bei der Frau? Ich meine, bei der Frau. Als Mutter lebt sie aus der Ganzheit des Menschen. Als Berufstätige muß sie sich behaupten in einer Umwelt der Männerherrschaft und kann dies nicht tun ohne ihr Menschsein. Wenn ich sie etwas Gewagtes frage, antwortet sie mir meist unkonventioneller als Männer, freier und sogar kühner. Männer sind durchweg von morgens bis abends in ihren Beruf eingespannt, der notwendig eine auswählende, schematisierende Wirkung hat; sie dürfen im allgemeinen nur das sein, was sie beruflich sind: Dreher oder Arzt, Finanzbeamter oder Bahnhofsvorsteher. Wenn ich einen lustigen Vortrag halte, etwa über rheinischen Humor, staune ich immer wieder, wie verschieden die Menschen über dieselbe heitere Wendung lachen. Frauen lachen strahlend – ohne den Zwang des Decorum, mit ausgesprochener Freude am Lach-Knall. Männer lachen zugleich doch auch als Inspektor oder als Oberstudiendirektor oder als allverzeihender weiser Prälat oder als strenger Philologe, der kein Spielverderber sein will (beileibe nicht, dieser überlegene Mensch!), aber zum „ordinären" Kölsch den Abstand wahrt. Männer lachen um so ungenierter, je unabhängiger sie in ihrem Beruf sind, z.B. als Farbwarenhändler oder als Geschäftsführer eines Pferdestammbuches mit den Abteilungen „Hengstkörung" und „Stutenschau" (einen besonderen Gruß diesen beiden Freunden des Karnevals!). Im ganzen besteht die Gefahr, daß der Mann eher Man wird als die Frau.

Die Ausbildung des spezifisch Menschlichen

Das spezifisch Menschliche bedarf der Pflege und der Behütung; sonst verkümmert und erstarrt es. Daß aber Anlagen zu einem *harmonischen Ganzen* sich ausbilden, kann nicht willentlich erzwungen werden. Im Gegenteil, wo der Mensch sich zu einer bestimmten Haltung entschließt, verkrampft er sich. Zwar muß er wissen, daß er vor sich selbst und für sich selbst verantwortlich ist. Aber das sind bloße Signale vor und nach dem eigentlichen Werden. Anlagen wachsen und runden sich in unterbewußten Vorgängen. Oft erfährt der Einzelne erst sehr viel später, was für ihn gut oder vom Übel war. Seine eigene Ganzheit kann der Mensch nicht selber denken, wollen oder fühlen; sie ist ihm aus geheimnisvollen Tiefen gegeben oder versagt. Und wer sich selbst als „harmonisch" und „ganzheitlich" empfindet, vielleicht sogar verkündet, irrt unwirklich in einem Spiegelkabinett umher.

Die Ausbildung des spezifisch Menschlichen hat nichts mit der Beflissenheit eines modernen *Ich-Kultus* zu tun. Er ist maßstablos, da er in einem ängstlichen Kultivieren des armen Bißchen besteht, wodurch ein Individuum von anderen unterschieden ist. Die eifersüchtig-schwächliche Sorge um private Besonderheiten ist das Ende des Personseins[13].

Teils geschenkt und teils ummüht, reift die *sittliche Person*. Der humanitas verpflichtet, wirkt sie verbindlich, maßgeblich, vorbildlich auf andere. So vermag sie es darum, weil sie eine Lebensform vertritt, die ein Kreis der Wesensverwandten als gültig anzunehmen vermag – eine Familie, eine Ordensgemeinschaft, eine Gruppe von Gelehrten. Die sittliche Person klärt Wege, richtet aus auf Ideale, gibt Ziele an – nicht nur ferne und letzte, sondern gerade auch nahe und handgreifliche. Dabei kommt es freilich manchmal zu liebenswerten Mißverständnissen: daß z. B. einer ganz in der Nachfolge des Deutschen Idealismus lebt und in jedem Augenblick die Triebe und Dränge bei sich und anderen bekämpft, das Barbarische und Unmenschliche bis ins Kuchenmesser hinein überwindet. Oder daß er – ein weiteres deutsches Phänomen – durchdringend Goethe folgt: „Edel sei der Mensch, hilfreich und gut“ [14] – wobei er geflissentlich übersieht, daß Goethe ebenfalls gesagt hat: „Die Natur ist eine Gans, man muß erst sie zu etwas machen.“ [15] Ein solcher Edler, Hilfreicher und Guter wird allmählich er selber und Goethe in einem. (Erich Rothacker [16] hat gelegentlich dazu grimmig bemerkt: „Die bürgerliche Philisterlehre der Humanität“.)

Die sittliche Person ist nicht identisch mit der Persönlichkeit.

3. PERSÖNLICHKEIT

Versuch einer Wesensbestimmung

Eine Persönlichkeit ist man, oder man ist es nicht. Von heute an eine Persönlichkeit werden zu wollen, ist ein lächerlicher Gedanke. Man kann die Eigenart einer Persönlichkeit nicht irgendwie erwerben; man kann sie höchstens verlieren, etwa im Verzicht auf das angeboren Außerordentliche und im Hang nach Bequemlichkeit. – Weil aber diese Weise des Menschseins durch keinerlei Absichten zu erwerben ist, ist sie auch nicht nachzuahmen, anders als die sittliche Person, die in ihrer ganzen Existenz zur Nachfolge gleichsam aufruft. – Die Persönlichkeit braucht keineswegs ethisch zu sein; eher im Gegenteil: sie hat Ecken und Kanten, handelt oft fragwürdig, ist allzu menschlich, aber immer menschlich. – Nicht nur die Starken und Willensmächtigen sind dazu berufen, Persönlichkeit zu werden; auch von leisen Menschen geht oft diese rätselhafte Eindringlichkeit aus. Die Persönlichkeit – nicht Produkt einer Bemühung, nicht Gegenstand der Nachahmung, nicht sittliches Vorbild, nicht notwendig mit Herrschergabe ausgestattet … was ist sie?

Sie ist (a) *Lebensfülle* – gleichgültig, ob sie denkt, handelt oder empfindet – in allen Lagen und Äußerungen. Als ein Bündel von Kräften tritt sie uns entgegen. Sie hat etwas Ursprüngliches, im Gegensatz zu allem Abgeleiteten. Sie steht am Anfang. Ein erster Tag der Schöpfung strahlt uns in ihr an. Sie ist häufig bis zur Selbstvergessenheit von sich selber abgewandt und um so mehr entzückt von dem, was außer ihr da ist. Immer wieder neu ergreift sie das Unerhörte, Ungewußte, Ungewisse. So tut sich ihr Verborgenes auf. Es sei irgend etwas alt? Sie weiß es nicht. Es sei irgend etwas schon dagewesen? Sie spürt es nicht. Sie fühlt sich beschenkt von der Welt und hält die Welt für uns offen.

Dabei rührt sie (b) an die *Wurzeln des Menschseins.* Sie hat einen Instinkt dafür, was der Mensch wesenhaft braucht, um er selber zu bleiben – so elementar, wie Pflanzen und Tiere Wasser, Sonne, Tag und Nacht brauchen, um sie selber sein zu können.

Weil sie bis an die Wurzeln reichende Erfahrung hat, ist der Umgang mit ihr (c) so überraschend. Sie bewegt sich nicht in einem festgelegten Umkreis, sondern hat eigenartige, urwüchsige *Perspektiven und Einfälle.* Sie ist auch nicht wohltemperiert und stetig, sondern vielleicht jetzt todlangweilig, weil nichts sie berührt hat, und im nächsten Moment springfrisch, weil sie plötzlich Weite vor sich hat. Dieser Moment kann durch irgendeine Kleinigkeit, durch Zufälliges, sogar Abwegiges ausgelöst werden. Johann Sebastian Bach (1685–1750) komponierte 1749 über die Buchstaben seines Namens B-A-C-H eine unvollendet gebliebene Fuge und ließ in ihr nicht nur mathematische Ordnungen ahnen (Leibniz), sondern das Gefüge der Welt. Oder man brauchte zur Feier einer Hochzeit in hoher englischer Gesellschaft ein Lustspiel; Shakespeare (1564–1616), mit der Abfassung eines Unterhaltungsstückes beauftragt, schuf das Wunderwerk des „Sommernachtstraum“ (1594), das nach tollen und ätherischen Phantasien in die gewohnte musikalische Festlichkeit ausklingt[17]. Eine Reihe von Physikern gelangte zu revolutionären Erkenntnissen, nachdem ein eigentlich „normales“ Experiment unerwartet ausgegangen war. Wilhelm Conrad Röntgen (1845–1923) leitete durch seine Entdeckung der von ihm sogenannten X-Strahlen (1895) eine neue Epoche der Physik, der Kristallographie, der Werkstoffkunde, der Chemie und vor allem der Medizin ein, in der er zu einem Helfer für die ganze Menschheit wurde. Auf dem Weg zu dieser umstürzenden Findung gingen, wie der Herausgeber von Briefen bedeutender Naturforscher bemerkt[18], „Zufall und Aufmerksamkeit eine Art höherer Verbindung ein". Max Planck (1858–1947), ein im besten Sinne konservativer Naturwissenschaftler, beobachtete die Hohlraumstrahlung und mußte auf einmal feststellen, daß das, was hier geschah, mit den Mitteln der klassischen Physik nicht zu erklären war. So sah er sich 1900 fast gegen seinen Willen zur umstürzenden Quantentheorie gezwungen: „Die Ideen sind manchmal stärker als ihre Schöpfer!"[19]

Insgesamt: Die Persönlichkeit fasziniert, ist nicht zu durchschauen und zugleich zu verehren.

Zur Persönlichkeit gehört die *Ausstrahlung*. Wenn sie uns begegnet, rührt uns etwas an. Der Raum, den sie betritt, ist nicht mehr dieses bekannte Zimmer; er ist auf einmal wie aufgeladen. Beginnt sie vom Katheder aus zu sprechen, so ist es, als ob von ihrem Reden ausgreifende, ergreifende Kräfte hervorgingen. Nicolai Hartmann (1882–1950) hat dieses Geschehen als Durchdringung des objektiven und des individuellen Geistes beschrieben. Der individuelle Geist ohne objektiven wäre arm, inhaltlos, leer. Und ein objektiver ohne persönlichen wäre bewußtlos, blind[20]. Aber im persönlichen Geist begegnen sich Wille, Initiative, Entscheidungskraft, Ahnungsvermögen, Phantasie mit der Fülle des Daseienden in einer jeweils unverwechselbaren Weise zu einer übersubjektiven, neuen Erfahrung. In einem solchen Prozeß wird die Persönlichkeit ganz sie selbst und zugleich fesselnd, augenöffnend für die, die sie erleben; denn sie greift als bestimmende Macht über sich hinaus, da sie Ursprüngliches für alle wirksam werden läßt. Sie ist aber in Stille ihrer selbst gewiß – furchtlos, im äußersten Gegensatz zum Man (S. 18ff.).

Als Napoleon am 2. Oktober 1808 in Erfurt Goethe begegnete, rief er aus: „Voilà un homme!" Er sagte nicht einordnend: „Aha, typischer Minister eines deutschen Kleinstaates" – also Funktionär. Er sagte auch nicht bewundernd: „Großartig, dieser Dichter!" – also im Bann einer Begabung. Er war betroffen: „Der ist rundherum ein Mensch; ja, mir ist es, als sähe ich wie erstmalig einen Menschen!" Was ich hier niederschreibe, ist reiner Mythos. Napoleon verwechselte wohl aufgrund einer falschen Information Goethe mit Schiller und hielt ihn für den bedeutendsten deutschen Dramatiker. Darum lud er ihn nach Paris ein, damit er dort am Theater große Politik – Cäsar als Beglücker der Menschheit – verherrliche. Er will den Werther siebenmal gelesen und ihn bis zu den Pyramiden mitgenommen haben. Tatsächlich aber verbot er seinen Generälen bei der Überfahrt nach Ägypten, auf dem Flaggschiff Romane zu lesen. Auch dem Werther galt sein zorniges Wort: „Zeug für Domestiken!" Nur Geschichtswerke ließ er als Lektüre gelten, „männliche Nahrung für Heldenseelen, die den Alexanderzug wiederholen". Bald darauf hatte Napoleon Goethe und den Vorschlag, daß er am Pariser Theater tätig werden solle, vergessen. Das Wort „Voilà un homme!", das Napoleon zu seiner Begleitung gesprochen hatte, besagte wohl nur, daß Goethe, der ausgezeichnet aussah, sich für seine 60 Jahre gut gehalten habe, ein vorzügliches Exemplar der Gattung Mensch[21]. Friedrich Gundolf gelangte in einer unkritischen Darstellung des Verhältnisses von Goethe und Napoleon zu der richtigen Feststellung: „Für Napoleon war das Menschliche nur ein staatliches Phänomen, für Goethe das Staatliche nur ein menschliches." Napoleon formulierte: „Die Politik ist das Schicksal." „Nichts lag Goethe im Grund ferner: dessen oberste Instanz war der Gegenpol des Staates, die Natur."[22]

Goethe schrieb am 26. September 1815 die Verse:

Suleika

Volk und Knecht und Überwinder
Sie gestehn, zu jeder Zeit:
Höchstes Glück der Erdenkinder
Sei nur die Persönlichkeit.

Jedes Leben sei zu führen,
Wenn man sich nicht selbst vermißt;
Alles könne man verlieren,
Wenn man bliebe, was man ist.

Die Verse stehen im „Westöstlichen Divan" im Buch „Suleika". Sie nennen „Persönlichkeit" denjenigen Menschen, „der sich nicht selbst verliert, der bleibt, was er ist, das heißt derjenige, der sich selber treu bleibt. Und darum kann auch der Knecht die Persönlichkeit preisen; denn er selbst kann Persönlichkeit sein, wenn er seine innere Freiheit behauptet"[23]. Was die Verse über die Persönlichkeit sagen, ist zu eng. Gewiß ist das Selbstsein ein Grundzug der Persönlichkeit; aber durch ihr Selbstsein geht sie zugleich über sich hinaus und bringt uns mit dem Seienden und dem Sein in eine ursprüngliche Verbindung. Außerdem aber führt die Isolierung dieser beiden Strophen zu völligem Unverständnis; dann werden sie, wie Ernst Beutler anmerkt, „zu den am meisten mißbrauchten, am meisten mißhandelten Aussprüchen Goethes". Die Verse sind nämlich Suleika in den Mund gelegt, und ihr antwortet Hatem im folgenden Gedicht, in dem er Einspruch erhebt, „nicht gegen Suleikas Meinung von der Persönlichkeit, wohl aber dagegen, daß diese an sich ‚höchstes Glück der Erdenkinder' bedeute".

Hatem

Kann wohl sein! So wird gemeinet;
Doch ich bin auf andrer Spur:
Alles Erdenglück vereinet
Find' ich in Suleika nur.

Wie sie sich an mich verschwendet,
Bin ich mir ein wertes Ich;
Hätte sie sich weggewendet,
Augenblicks verlör' ich mich.

Das Gedicht „lehrt also gerade das Gegenteil von dem, was man immer aus ihm herausliest. Es preist nicht das ‚Ich', sondern die Hinwendung zum ‚Du'". Es spricht von der über die gesamte Existenz des Menschen entscheidenden Macht der großen Liebe. Das Gedicht wurde geschrieben an dem Tage, als Goethe das letzte Mal mit Marianne von Willemer zusammen war.

Richard Harder[24] fügt der Erkenntnis, daß Hatem sein ganzes Sein auf Suleika und ihre Hingabe gestellt habe, einen Hinweis auf die Marienbader Elegie (1823) hinzu: Hatem sehe die Gefahr einer innerlichen Vernichtung vor sich, wenn Suleika sich von ihm weggewendet hätte; aber er erlebe dieses Verhängnis nicht, sondern freue sich vielmehr an ihrer Nähe, während in der Marienbader Elegie das tragisch Ungeheure einer nicht zu verwirklichenden Liebe geschehe: „Mir ist das All, ich bin mir selbst verloren." Harder geht sodann auf die griechischen Wurzeln der Persönlichkeit ein. Sie sei nicht im römischen Sinne Humanitas als das Allgemeine, Verbindliche, Vorbildliche am Menschen. Gegensätzlich zu ihr seien Krankheit, Schwachheit, Selbstvernichtung. Ihr entsprächen Substanz, Existenzsicherheit, Fülle. Eine innere Autarkie konstituiere die griechische Persönlichkeit, der Unerschütterlichkeit, Unabhängigkeit von allem außerhalb ihrer selbst zu eigen seien. Aber diese aus Goethe und der griechischen Kultur gewonnenen Formulierungen, die insgesamt auf eine „reale kraftvolle Erfülltheit" zielen, treffen doch nicht die übersubjektive Produktivität der Persönlichkeit (vgl. S. 24).

Eine echte Persönlichkeit war Jesus Christus. Gewiß war er viel mehr und anderes als dies. Aber es ist nicht ehrfurchtslos, ihn, da er auch ganz Mensch war, unter einem solchen begrenzten Aspekt zu betrachten. Seiner kühnen, Überlieferung zerstörenden und in der Zerstörung weltgeschichtliche Zukunft schaffenden Verkündigung traten die Schriftgelehrten und Pharisäer hellwach entgegen. Schriftgelehrte waren eine Klasse von Erklärern der Heiligen Schriften, Hüter der Tradition, eine Berufskaste, die im Besitz der einzig richtigen Erkenntnis zu sein glaubte. Die Pharisäer, die ihr Verhalten streng auf das Gesetz gründeten, waren mit ihren Führern, den Schriftgelehrten, die eigentlichen Gegner Jesu. Da er zu einem radikalen Umdenken (metánoia) aufrief, warfen sie, die sich allein für gerecht hielten, ihm Untreue gegenüber den Geboten des Moses vor, nahmen Ärgernis an seinem Umgang mit Sündern und Zöllnern und wollten ihn letztlich als gefährlichen Neuerer und Volksverführer unschädlich machen[25]. Jesus stellte ihrer Wahrung selbst geringfügiger Vorschriften das gottbezogene Handeln aus Recht, Erbarmen und Treue gegenüber. Er wußte, daß der Mensch durch bloße „Gesetzeswerke" vor Gott nicht bestehen kann. Christus kam ins Festgelegte und Abgestandene hinein. Als die Leute hörten, was er ihnen als Wahrheit, Weg und Leben darbot, waren sie am Ende der „Bergpredigt" erschüttert, betroffen, von einem Schauder berührt (Matth. 7,29): „Denn er lehrte sie wie einer, der Vollmacht hat, und nicht wie ihre Schriftgelehrten." In diesen Seligpreisungen sind gerade auch die Armen und Hilflosen in Gott aufgehoben; sie bekommen einen eigenen Lebenssinn. Das neue Gesetz ist nicht auf Schriftrollen, sondern ins Herz geschrieben. Vollmacht, Sünden zu vergeben, kommt allein Gott zu. Dem bloßen Lehren der

Schriftkundigen ist die Vollmacht des Heilsbringers aus der Einheit von Leben und Tat gegenübergestellt[26].

Gesichtspunkte

Es soll uns nun in drei Kapiteln Eigentümliches von Persönlichkeit sichtbar werden: „Ein Entdecker / Ein Bewahrer und Erretter / Ein Genie". Dies sind freilich nur Ansatzpunkte und nicht mehr, Ausschnitte aus einer vielgestaltigen Wirklichkeit. Und sie sind nicht nur fragmentarisch, sondern bedürfen auch wegen einer gewissen Einseitigkeit der Korrektur; sie sei in einem Schlußabschnitt vorgenommen: „Es wird eine Persönlichkeit" (S. 129–152).

Die drei gewählten Perspektiven scheinen einseitig auf den geistigen Bereich der Kultur ausgerichtet. Aber Persönlichkeiten gibt es doch auch unter denen, die nicht philosophieren, keine Wissenschaftler von Rang sind, nichts mit Kunst zu tun haben. Der Generalbundesanwalt Siegfried Buback z.B., der am 7. April 1977 in Karlsruhe ermordet wurde, war gewiß ein innerlich klarer und starker Mensch und war im übrigen Wanderer, Radfahrer, Tischtennis-Spieler, Freizeitgärtner[27]. Er bewährte sich entschlossen und gesammelt als Persönlichkeit. Trotzdem mag es erlaubt sein, die gewählten Orientierungsdaten durchzuprobieren, weil sie mit ihren reichen Sachbezügen deutlich machen, daß eine Persönlichkeit nicht allein durch objektive Leistungen zu bestimmen ist, daß vielmehr etwas Entscheidendes hinzukommen muß: Ursprünglichkeit, der Blick aus dieser Ursprünglichkeit über sich hinaus, Einstehen für allgemein Bedeutsames aus der Unbedingtheit des Selbstseins.

Die drei nun zu entwickelnden Motive betreffen wesentliche Verhaltensweisen des Menschen.

Unsere Wahrnehmung nutzt sich ab; wir bewegen uns mehr und mehr im bläßlich Vertrauten. Unser Urteilen verläuft oft nur noch nach einigen wenigen Modellen, die Optimisten vielleicht „Prinzipien" nennen und die man besser „antiprinzipiell", das dem „Anfänglichen" Entgegengesetzte, nennen sollte. Wir begnügen uns leicht mit der vorhandenen und „zuhandenen"[28] Umwelt, die wir uns passend eingerichtet haben wie einen übersichtlichen Flughafen für An- und Abfahrt. Zwischen uns und die Wirklichkeit schiebt sich die Gewöhnung. So erfahren wir nicht mehr das Verborgene, ohne das wir bald schattenhaft und arm werden. – Das *Genie* öffnet uns wieder den Weg zum Grund, ja vielleicht zum Urgrund der Welt und des Menschen. Durch seine originäre Erfahrung ist das Abgenutzte, modellhaft Schematische und Zuhandene plötzlich nicht mehr da. In seiner weiten Schau erfassen wir das Ganze von Natur und Mensch, Vitalität und Geschichte, und darin auch das Böse und Teuflische, das Unlösbare und Tragische. Genie heißt: Neuheit der Erfahrung, Ganzheit der Sicht, unerbittliches Aufdecken von Unsinn und Widersinn.

Der Mensch hat im Lauf der Geschichte eine großartige Welt der Sichtbarkeit geschaffen: Gotteshäuser / Profanbauten / Bilder und Statuen / Gegenstände für Alltag und Fest. Wir leben in einer geschichtshaltigen Umwelt mit Kirchen, Schlössern, Rathäusern, Stadttoren, Plätzen und Wällen, mit Wand- und Tafelgemälden, Reliquiaren, Plastiken, hochgeschmückten Portalen und Räumen. Das können wir freilich alles abtun und vergessen, da wir ja auch ohnedem speisen, trinken, lieben, Auto fahren können. So ist es oft geschehen. In Köln verschleuderte man auf Grund des Säkularisierungsdekrets vom 9. Juni 1802 kirchliche Kunst in Massen. Sulpiz Boisserée (1783–1854) und Ferdinand Franz Wallraf (1748–1824) kauften Schätze aus den entrechteten Kirchen unter abenteuerlichen Umständen für ein Nichts auf[29].

Die Romanschriftsteller Victor Hugo (1802–1885) und Prosper Mérimée (1803–1870) riefen die Franzosen wach, daß sie die vom Verfall bedrohten Denkmäler der Vergangenheit retten sollten. Der nordamerikanische Schriftsteller Washington Irving (1783–1859) lenkte 1832 durch sein Buch „The Alhambra“ die Aufmerksamkeit Europas auf die einzigartige maurische Burg in Granada, die dem Verfall entgegenging[30]. Die Fresken von Sigirya auf Ceylon – Gestaltungen reiner Schönheit, Entwürfe himmlischer Vollendung – entstanden um 480, aber waren jahrhundertelang vom Urwald bedeckt, bis ein britischer Offizier sie 1831 wieder auffand. Was trieb die Nachfahren dazu, alte Denkmäler wertzuhalten? Tiere haben kein Geschichtsbewußtsein; sie benutzen die Natur und lassen sie liegen. Der Mensch aber hat die historische Dimension schließlich als für ihn unentbehrlich entdeckt, da seine Gegenwart nicht ein isolierter Punkt ist, sondern aus der

Vergangenheit kommt und in die Zukunft geht. Nach furchtbaren Kriegen hat er im 20. Jahrhundert immer wieder das künstlerische Erbe wiederhergestellt in ganz Europa und in den verschiedensten außereuropäischen Ländern. Diese Taten aber sind nicht allein aus Altertumskrämerei zu erklären oder nur durch fachliche Tüchtigkeit möglich. Es muß etwas Elementares dazukommen: Persönlichkeiten, zu deren Gegenwart auch die Vergangenheit unlösbar gehört, die das Fascinans des *Bewahrens* und *Errettens* zu empfinden und mitzuteilen wissen.

Sucht der Bewahrer und Erretter die Dauer im Wechsel, so sucht der *Entdecker* den Wechsel in der Dauer. Er hat ein Mißtrauen gegen alles Beständige, weil es gegen das noch nicht Erfahrene absperrt. Wie es ein urmenschliches Anliegen ist, die Vergänglichkeit – das unendliche Sterben um uns – zu überwinden, so ist es auch wahrhaft menschlich, den gesicherten Umkreis zu verlassen, in der Sehnsucht nach ungebahnten Wegen. Auch das vermag das Tier nicht, und es vermag auch derjenige nicht, der sich häuslich eingerichtet hat: in einem Beruf, einem gesellschaftlichen Umkreis, einem Tages- und Jahresfahrplan, einer absichernden Weltanschauung. Das Eigenheim des Bürgers, der Lehrstuhl des Professors, der Schreibtisch des Schriftstellers, das „Kränzchen" der behaglich Gelehrten, aber auch Stammtisch, Skatklub, Vereine – diese Fixpunkte widerstehen der Verlockung der Horizonte. Der Entdecker erfüllt sich nicht in *einer* Provinz des Menschseins. Im Gegenwärtigen spürt er schon das Kommende, Zukünftigkeit reißt ihn fort. Hinter dem Erreichten öffnet sich ihm das Unerreichte. Er fühlt sich dort zu Hause, wo kein Zu-Hause mehr ist: am äußerst vorgeschobenen Rand des Lebens. Dabei bleiben ihm viele Werte verschlossen, z. B. die lange verweilende Kontemplation oder die ruhige Ausformung einer Weltdeutung. Vielleicht geraten seine Bücher nur aphoristisch, oder fundierende Einsichten sind hierhin und dorthin gestreut ohne Bindung und Ordnung, oder es gelingt kaum mehr als das erhellende Wort, nicht die gleichmäßig fortschreitende Darstellung. Aber diese Mängel sind nötig, wenn der Mensch in einer schöpferischen Weise rastlos ist[31].

Daß im vorliegenden Versuch drei Persönlichkeiten in den Mittelpunkt treten – ein Entdecker, ein Bewahrer und Erretter, ein Genie –, hat noch einen persönlichen Grund: der Verfasser ist ihnen begegnet. Das aber gehört auch zum vollen Wissen um die Persönlichkeit, daß man sie selber erfahren hat. Eine Bekanntschaft nur vom Hörensagen oder nur aus Geschichtsbüchern reicht nicht aus. Man muß sie selbst erlebt haben; man muß von ihr erzählen und ihre Eigentümlichkeiten hervorheben können; man muß mitteilen, wie sie sich zu erkennen gab.

Es wird eine Persönlichkeit

Das Genie, welches das Ganze des Seins in neuer Sicht zeigt / der Bewahrer und Erretter, der unsere Gegenwart mit dem Lebensstrom der Geschichte verbindet / der Entdecker, der verborgenen Sinn ahnt und aufzeigt – diese drei schenken dem Menschen urtümlich Menschliches. Durch ihre originäre Kraft wird gewiß, was den Menschen zum Menschen macht; sie sind ganz sie selbst und schließen eben durch dieses Selbstsein Welt auf, in einer eigentümlichen Durchdringung subjektiver Mächtigkeit und objektiver Bedeutsamkeit.

Wenn aber auch in drei Verhaltensweisen das Wesen der Persönlichkeit besonders klar hervortritt, so drängt sich doch die Frage auf, ob dabei Persönlichkeit nicht einseitig von der geistigen Leistung und überhaupt von der Kultur her konzipiert ist. In der Tat sollte man von den so gesetzten Wegzeichen her weitersehen und weitersuchen.

Es gibt Persönlichkeiten, die wie Sokrates kein Wort geschrieben haben, oder deren Äußerungen in Reden und Gesprächen als Rede oder Gespräch kaum Staunen auslösen, und die dennoch mit ganz anderen Mitteln und auf anderen Wegen einen Anfang gesetzt haben. So geschah es bei Papst Johannes XXIII., der unmittelbar die Herzen ergriff, ob bei Kriegsgefangenen oder Bauern, ob bei Intellektuellen oder Bischöfen, ob bei der Abhaltung einer Messe oder in einem frischen Wort zu einem Gärtner des Vatikans. Der Staub der Jahrhunderte fiel von ihm ab. Dadurch, daß er in schlichter Kühnheit er selbst war, wußte er der Kirche eine Weisung zu geben. Aber plötzlich war diese Persönlichkeit spürbar nicht mehr da. Gerade ein Mann wie Johannes XXIII. führt zu der Überlegung, ob nicht überall Persönlichkeiten möglich sind – vielleicht nur in Ansätzen, nur in Grenzen, aber doch begabt mit der Eigenart einer Persönlichkeit: ursprünglich zu erleben aus der eigenen Sicherheit und dadurch ein wenig Licht in die abgegriffene, grau verknäuelte Wirklichkeit zu bringen. Ich habe manchmal unter Handwerkern solche Anlagen angetroffen, nicht zuletzt im Dritten Reich, wo sie sich nicht versteckten, sondern den mythischen Dunstkreis der Partei oft mit zwei Sätzen wegwischten.

Ja, ich wage die Frage, ob nicht vielleicht die Figur des kölnischen Humors, Tünnes, eine Persönlichkeit ist, oder der Münchener Komiker Karl Valentin (1882–1948) mit seiner Tapferkeit inmitten der Nazis und mit seinem hintergründigen Witz.

Noch ein weiterer Vorgang ist genauer zu durchdenken: daß aus ordentlichen und tüchtigen Menschen erst allmählich Persönlichkeiten werden, z. B. aus Konrad Adenauer oder Erzbischof Frings in Köln.

Ein Entdecker

Erich Rothacker (1888–1965)

Erich Rothacker wurde 1888 in Pforzheim geboren. 1912 wurde er in Tübingen zum Doktor der Philosophie promoviert – in jungen Jahren, würde man heute sagen, mit einer beachtenswerten Untersuchung „Über die Möglichkeit und den Ertrag einer genetischen Geschichtsschreibung im Sinne Karl Lamprechts". 1920 habilitierte er sich in Heidelberg für das Fach der Philosophie. Seinen ersten Ruf erhielt er 1928 nach Bonn; hier nahm er auch die Psychologie wahr und leitete das Psychologische Institut sachkundig und ideenreich. Bis 1954 lehrte er in Bonn. 1965 starb er. Eine Bibliographie seiner Veröffentlichungen von Ingeborg Hartmann ist dem Buch von Perpeet über Rothacker als Anhang beigegeben[32].

1. VON DER LEHRE ZUM MENSCHEN

Es ist hier nicht der Ort, Rothackers Lehre darzustellen; wohl aber ist ein Weg von ihr zu seiner Persönlichkeit aufzuzeigen.

Die Lehre

Wilhelm Perpeet nennt in einem Aufsatz aus dem Jahre 1958 das Lehre und Persönlichkeit verbindende Motiv: „Aufgaben und Ergebnisse der Menschheitswissenschaft. Zum vorliegenden Werk Erich Rothackers"[33]. Rothacker war kein welt- und lebensabgewandter Gelehrter. „Die Titel seines Schriftenverzeichnisses sind wandernde Konzentrationspunkte an der weit auseinander gezogenen Front positiver Einzelwissenschaften": Literatur, Kunst, Recht, Religion, dies alles aber zusätzlich unter dem Gesichtspunkt der Soziologie.

Rothacker war in der Biologie zu Hause, z.B. bei Flöhen und Bienen, ebenso wie bei den naturwissenschaftlichen Taten etwa eines Keplers, Newton, Helmholtz.

„Innerhalb der Geistes- wie Naturwissenschaften ist er beständig unterwegs. Die Fächer werden unermüdlich gewechselt... Er liebt den Stoff." Er wundert sich über Faktisches und sucht dessen Seinssinn. In einer reinen Begriffswelt zu verweilen war ihm entgegengesetzt. Er paßte nicht „in das gewohnte Philosophenbild".

Die „titanische Aufgabe", die er sich stellte, ist die „‚Wissenschaft vom Menschen' als einem noch immer weithin unbekannten Wesen". Wilhelm Perpeet hat in Rothackers postumem Buch „Zur Genealogie des menschlichen Bewußtseins"[34] den Kreis seines Bemerkens und Denkens beschrieben: die Abgrenzung des Menschen vom Tier / die Formen der Lebenshaltung: Arbeit, Wirtschaft und Technik / die Formen der Lebensführung: Gesellschaft, Staat, Recht, Sitte und Erziehung / die Formen der Selbstverständigung: Sprache, Mythos, Kunst, Religion, Wissenschaft und Philosophie. Dabei entfaltete Rothacker eine erstaunliche Gabe, nämlich viele und scheinbar auseinanderstrebende Phänomene zu verknüpfen, ohne jeden Begriffsschematismus, immer verbunden auch mit dem Nächsten und nicht allein mit dem Geist, auch den Sinnen weit geöffnet, so wenn ihm z.B. philosophisch wichtig wird, daß polynesische Inselbewohner 3000 Bezeichnungen für Farbnuancen des Himmels und des Meeres haben. Perpeet stellt fest: „Mit einer ‚Phänomenologie des anschauenden Geistes' und einer ‚Apologie der Welt'... legte Erich Rothacker die schriftstellerische Feder aus der Hand."

Perpeet – alles andere als ein Rothacker-Epigone – hat ihm eine biographische und philosophiegeschichtliche Gesamtdarstellung von meisterhafter Selbständigkeit gewidmet[35]. Er berichtet nicht nur, sondern denkt mit, führt zerstreute Bemerkungen zusammen, rundet Einzelheiten, verstärkt bloße Umrisse und zieht sie durch, verdeutlicht Aphoristisches. Dabei tritt aus der Lehre auch der Mensch hervor: „Seine vitale Scheu vor dem Schwimmen in bloßen Denkmöglichkeiten / die elementar zündende und mitreißende Forscherfreude, mit der gewohnheitsfeste Denkgriffe und Klischees gesprengt werden konnten / der in die Anschauung zwingende, plastische und drastische Sprech- und Vortragsstil / die Phantasie im Dienste strenger wie anstrengender Gedankenexperimente" / seine Nähe zum naiven Leben, das „sich handelnd und schauend, sinnend und trachtend unter dem rätselhaften Andrang der sinnunbestimmten Wirklichkeit eine leuchtende, tönende, duftende, schmeckende Welt erdeutet".

Von dem Kunsthistoriker Heinrich Wölfflin (1864–1945) hat man oft gesagt, man habe ihn eigentlich nur im Hörsaal kennenlernen können; obwohl sein gedrucktes Wort genau und kraftvoll bezeichne, wirke es blaß im Vergleich zu seinem Reden, zu seinem langsamen Finden des treffenden Ausdrukkes. Wie war das bei Rothacker? Sein Vortrag war spröde, aber wie aufgeladen von der Kraft des Suchens. Er reproduzierte nicht einen festgelegten Text, sondern löste auf eine elementare Weise Erkenntnis aus. Ein Kolleg von ihm ist wörtlich auf Band aufgenommen und danach, abgesehen von nebensächlichen Korrekturen, gedruckt[36] worden; es läßt auch noch in dieser distanzierten Form viel von der Frische und Fülle seines Sagens, von der produktiven Leidenschaft seines Lebens ahnen. Er setzte begabte Hörer voraus, nicht solche mit schulmäßigen Bedürfnissen. Im Seminar entfaltete dieser ganz auf das Hier und Jetzt (nicht auf Manuskriptseiten und Standardthemen) gerichtete Mann eine eigene Gabe: durch drei Sätze eine Diskussion zu entfachen – aus dem Augenblick heraus und einem noch im Dunkel liegenden Ziel entgegen.

Aber die beiden hauptsächlichen Wirkungsbereiche der Hochschule – Kolleg und Seminar – umfassen ihn ebensowenig wie seine Schriften. Die Begegnung mit ihm öffnete in einer eigenen Weise Auge, Herz und Verstand.

Der Mensch

Bei vielen Gelehrten genügt es, sie rein wissenschaftlich zu beurteilen, weil darüber hinaus nichts für die Allgemeinheit Wichtiges anzumerken ist. Bei Rothacker kann man nicht so verfahren. Wenn man nur die aus seinen Büchern und Aufsätzen gewonnenen Erkenntnisse berücksichtigte, würde aus einem überschwenglich lebendigen Menschen ein Koordinatensystem von Thesen; er wäre verfälscht.

Er war kein Zunftmeister, der bei seinen Leisten bleibt. Er war kein Kleinmeister, der sich eng spezialisiert hatte. Er war kein Systematiker, der in sich geschlossene und allseitig ausgewogene Bücher schrieb. Ihm lag es nicht, schon Gewußtes ziseliert auszuführen oder gar nur zu sammeln. Er war ein *Entdecker:* ein neugieriger, witternder, auch stolpernder Wanderer im unbegrenzten Reich des Lebens. Manchmal kletterte er erkenntnissüchtig gleichsam auf einen Baum, um einer grenzenlosen geistigen Landschaft inne zu werden. Aber er wurde darüber nicht ein denkender Hubschrauber, der die Probleme noch gerade flüchtig überflogen hätte. Seine Unruhe war jedoch keine problematische Rastlosigkeit, kein sogenannter faustischer Drang. Er war vielmehr ein glücklicher Finder, der vom verborgenen Sinn immer wieder entzückt war. Die Begierde, aufzuspüren, prägte ihn bis in den Schritt und seine Gebärden hinein (S. 45f.).

Diese einleitende Skizze mögen einige Lieblingszitate Rothackers abschließen, da sie ein Licht auf ihn werfen und unsere folgenden Überlegungen vorbereiten. Man kann so und so zitieren; vielleicht wäre es lohnend, Zitationsweisen einmal in einer eigenen Untersuchung zu charakterisieren. Rothacker führte gern andere Autoren an. Tat er es mit langen Abschnitten, so geschah dies nicht, um eigene Erkenntnislücken durch andere Forscher auszufüllen. Er lud sie vielmehr zu einem Gespräch ein; ein Gespräch ist nur dann fruchtbar, wenn jeder Partner sich angemessen äußern kann. So kam es zu einem „Gespräch" etwa zwischen Rothacker und Toynbee[37] – in einer zentralen Angelegenheit: dem Verhältnis des Menschen zur Geschichte. Aber diese Art von Zitaten ist hier nicht gemeint; es geht uns nunmehr um Aussprüche, die Rothacker für seine eigene Person als wichtig bejaht hat und die meist öfters bei ihm wiederkehren, weil sie ihm richtungweisend erschienen.

Er notierte sich[38], wie Leopold von Ranke (1795–1886) die philosophische Absicht seiner historischen Forschungen seinem Bruder entwickelte: „Alle die Taten und Leiden dieses wilden, heftigen, gewaltsamen, guten edlen ruhigen, dieses befleckten und reinen Geschöpfes, das wir selber sind, in ihrem Entstehen und in ihrer Gewalt zu verstehen und festzuhalten". Und Rothacker fügte hinzu: „Indem er sagte: ‚in ihrem Entstehen und in ihrer Gestalt zu *verstehen*', wies er bereits den Weg zu einer Wissenschaft, welche diese Aufgabe theoretisch und nicht nur historisch zu erfüllen strebte. Und diese Wissenschaft *brauchen* wir. Einer ihrer größten Bahnbrecher war, nach Hegel, Max Scheler." Damit ist die Mitte des Forschens von Rothacker bezeichnet: *der Mensch in seiner ganzen Vielfalt.*

Die Sprache der Geisteswissenschaften bleibt der vorwissenschaftlichen gebildeten Umgangssprache nahe. „Diese Umgangssprache vergegenwärtigt uns unsere vorwissenschaftliche, farbige, tönende, duftende, naiv realistisch verstandene Welt, in der wir alle leben, lieben, leiden, sterben... Das ist aber nicht die Welt der Naturwissenschaften. Noch nie hat jemand – auch ein überzeugter Atomphysiker nicht – ein Atombündel umworben und geheiratet ... Geliebt werden lebendige Menschen." Fachsprachen sind zwar nützlich, aber lebensarm. Gegen sie führt Rothacker einen klugen Schriftsteller an: „Mit *einem* Satz hat E. T. A. Hoffmann die ganze Frage erledigt, indem er sagte, die Bezeichnung Alkohol für einen guten Wein sei nicht minder roh, als wenn man seine Geliebte als Säugetier kennzeichne." Rothacker betont: „Ohne diese vorwissenschaftliche Sprache analysiert zu haben, gibt es weder eine wohlfundierte Anthropologie, noch sind ohne sie geisteswissenschaftliche Werke überhaupt verständlich."[39] So erkennt er einen unlöslichen Zusammenhang zwischen *Philosophie und Leben.*

Er war fasziniert von dem Wort aus Goethes „Faust", im ersten Akt des zweiten Teils (Vers 4727): „Am farbigen Abglanz haben wir das Leben." Er wendet den Vers hin und her, indem er fragt, wie man ihn betonen könnte. „Am farbigen Abglanz haben *wir* das Leben: wir, die Menschen, die wir keine Engel sind. – Wir können aber auch, indem wir den Vers rein für sich auf seinen Gedankengehalt ansehen, *so* akzentuieren: Am farbigen Abglanz *haben* wir das Leben, das gesuchte nämlich. Hier *haben* wir's ja. Tor, wer es hier nicht sucht und findet. Und ähnlich: Am farbigen Abglanz haben wir das *Leben.* Hier: das *Leben! Unser* menschliches Teil, nicht die unerfüllbare Sehnsucht, nicht die ewige Stille, nein das *Leben,* das zu leben *unsere* Aufgabe ist und unser Glück wenigstens sein *kann,* unseres als menschliches."[40] Rothakkers ganze *Freudigkeit des Philosophierens* ist in diesem Frage-Spiel enthalten.

Wir gewannen aus seinen geliebten Zitaten einen Blick auf die Mitte seines Philosophierens: „Der Mensch in seiner ganzen Rätselhaftigkeit"; wir erkannten daraus, daß ihm der Zusammenhang zwischen Philosophie und Leben unlöslich war; wir ahnten die Freudigkeit seines Philosophierens.

„Persönlichkeit" – „schöpferisch"

Rothacker war ohne Zweifel eine „Persönlichkeit" und war gewiß ein „schöpferischer Mensch". Was er zu beiden Phänomenen gesagt hat, soll uns zu unseren eigenen Fragen hinbegleiten.

„Die menschliche Persönlichkeit", so beginnt er seine Reflexionen, „ist nicht nur ein Geheimnis, sondern ist voll von Geheimnissen"[41]. Auch die Begriffe, durch die man sie vom Tiere abzugrenzen versuche, seien Rätselworte: Vernunft, Verstand, Sprache, Geist, Freiheit u. a. „Persönlichkeit" ist hier so verstanden, wie wir S. 20ff. „Person" definiert haben. Aber dann sondern sich in seinen weiteren Überlegungen aus der Vielzahl der Individuen einige ab, die, auch sie endliche Wesen, doch bestimmt sind von der „Sehnsucht nach Reichen, für die sich unser geistiges Auge öffnet, auf die wir aber aus der Ferne blicken wie der greise Moses auf das gelobte Land. Diese Sehnsucht nach Wahrheit, Güte, Schönheit, Reinheit, Größe, Heiligkeit ist unser Bestes, Kern und Herz alles dessen, was wir unter Titeln wie Geist und Freiheit zusammenfassen ... Die Frage taucht auf, ob Endlichkeit und Gebundenheit nicht gerade unser tiefstes Sein ermöglichen." Das Höchste und Letzte bekommt Leben und Fülle gerade aus der Enge unserer Endlichkeit. Es kann aber aufleuchten nur in konkreten Menschen, die die Kraft des Suchens und Schauens auszeichnet.

Unter ihnen sind einige schöpferisch. „Der Grundeindruck des Schöpferischen ist der, daß etwas Neues da ist, das vorher nicht da war – in dieser Inhaltlichkeit gerade völlig ungeahnt, unberechenbar, undenkbar, bis es *da* war." Diese Macht wirkt auf unser Leben; wir spüren ihre Anwesenheit „im Kern unserer Existenz". Rothacker bespricht einen Film mit Großaufnahmen der Befruchtung eines tierischen Eis: ein Zittern läuft durch die Substanz des weiblichen Eis in dem Augenblick, in dem der männliche Same durch seine Oberfläche dringt, und mit einzigartiger Gestik verschließt es sich gegen weitere Eindringlinge: „Das ist der Mythus und Mimus des Ewigweiblichen in seiner ganzen Magie." Er schildert, wie sich die Menschen den schöpferischen Prozeß erklärt haben, durch Gott / Muse / Daimonion / meinen persönlich mich begleitenden Genius / den Intellectus agens / Inspiration / die Offenbarung, und führt am Ende die christliche Hymne an: „Komm, heiliger Geist, Du Schaffender." Das Schaffen ist das Schöpferische im Menschen – gerade aus der Endlichkeit und am Widerstand des Stoffes. So geschieht die Überwindung der Lebensspannungen in einer spontan wachsenden „Selbst"bildung, „d.h. eines organischen, lebensgespeisten und schicksalserprobten Persönlichkeitskernes". Aber dieses Werden verläuft nicht nach irgendwelchen Gesetzlichkeiten; es ist „jeweilig". „In diesem ‚Jeweilig' liegt das ganze Geheimnis einer Philosophie des konkreten Lebens." Aus einem situationsbezogenen Verhalten kann ein Logos sich bilden, in dem sich das Neuartige als fruchtbar erweist, und zwar in einer ganz bestimmten Zuständlichkeit und Lage. Das Neue ist dann Wurf einer neuen Harmonie, Gestalt, Ordnung, Welt und zugleich für *mich* produktiv, *mich* wiedergebärend, erleuchtend, begnadend. Dem steht gegenüber, daß der Mensch „ins Stumpfe, Faule, Matte, Flache, Tierische" absinken kann[42].

Damit sind uns Weisungen für unseren weiteren Weg gegeben.

2. VERSUCH EINES PORTRÄTS

Wir versuchen nunmehr ein Porträt Rothackers in Worten. Porträts haben in der Bildenden Kunst ihre Tücken, da sie oft mehr vom Maler als vom Gemalten verraten. Auf jeden Fall sind sie immer an die Sehweise des ausführenden Künstlers gebunden, ganz zu schweigen davon, daß dessen Sehkraft unzulänglich sein kann. Trotz dieser Einschränkungen möchten wir die Gattung „Bildnisse" als Kunstwerke und als Urkunden nicht missen. Wir schätzen sie besonders darum, weil sie im jeweiligen Menschen auch exemplarische Züge des Menschen überhaupt mitteilen. Wagen wir also das Experiment!

Es wäre abwegig, Rothackers Bildnis klassizistisch zu glätten und ins Idealische zu erheben. Der junge Oskar Kokoschka (geb. 1886) stellte 1910 die Schauspielerin Tilla Durieux (1880–1971) dar (Köln: Wallraf-Richartz-Museum); das war deutlich[43]. Der alte Kokoschka malte Konrad Adenauer (1876–1967); das blieb undeutlich. Zu Rothacker paßt mehr der junge Kokoschka samt Tilla Durieux.

War er ein *Original?* Auch das; doch war dies eine liebenswürdige Zugabe. Sein Vater, ein Pforzheimer Goldfabrikant, hatte in jungen Jahren einen Bijouterieexport nach Süd- und Mittelamerika mit dem Sitz in Neapel gegründet[44]. Nach seinem Tod wanden die Italiener dieses einträgliche Erbe seinem Sohn Erich in kurzer Zeit aus der Hand. Aber zu Hause, in Bonn, Schumannstr. 41, behielt Rothacker eine italienische Gepflogenheit bei: für ihn bestimmte Nachrichten oder Gegenstände hangelte er in einem Körbchen vom Erdgeschoß zu seinem Arbeitszimmer im ersten Stock hoch. Für den Bombenkrieg hatte er sich einen Fahrradanhänger bereitgestellt, um – so träumte er es sich – aus der brennenden Stadt mit seinen Habseligkeiten in die Wälder zu flüchten. Der Fahrradanhänger stand im schmalen Flur seines Hauses gleich an der Eingangstür. Es war für den Besucher abenteuerlich, sich hier in der völligen Verdunkelung zurechtzufinden. Noch manche andere Geschichtchen solcher Art könnten erzählt werden; aber das würde uns vom Eigentlichen wegführen. Eine Persönlichkeit braucht kein Original und ein Original keine Persönlichkeit zu sein.

War er denn etwa ein Mensch in der Art der Philosophen Eduard Spranger (1882–1963) oder Theodor Litt (1880–1962), reif und ausgeglichen, von dem Willen geprägt, höheren Werten zu dienen und ihnen den Weg zu bahnen? Dem Bild des *edlen Menschen* widersprach er radikal. Er war weder beispielgebend noch abgeklärt. Er war radikal unstilisiert, geradeaus, nicht selten ungerecht, oft undiplomatisch und ungezügelt. Er sagte ohne Rücksicht auf die Wirkung seine Meinung in einer ungefilterten Sprache, besondern in bezug auf Kollegen. Nach dem Philosophen Karl Löwith (1897–1973) gefragt, antwortete er nach kurzem Nachsinnen: „Den hasse ich persönlich; er ist ein gelernter Neinsager."

Dem Dekan schrieb er am 15. April 1959 einen Brief in einer Berufungsangelegenheit, wobei ich die zwei erwähnten Gutachter „Müller" und „Schmitz", den zu Berufenden im Sinne Rothackers „Quatschkoppius" nenne. Rothacker: „Durch den Mißbrauch des Wortes ‚Sein' wird man noch lange kein Philosoph. In diesem Punkt lassen sich höchstens die Herren Müller und Schmitz durch Quatschkoppius täuschen." Rothacker ein edler Mensch?

Er nahm immer entschieden Stellung und hielt ein *wertindifferentes Verhalten* schlicht für unmenschlich. Er trug sein Temperament auch in seine Philosophie hinein und gelangte dabei zu ausgezeichneten Entdeckungen. In seiner „Geschichtsphilosophie"[45] beschrieb er die Grundzüge menschlichen Handelns überaus dynamisch: Lage / Antwort / Einfall / Erlebnishorizont / Aktionen als pulsierende Antwortfolgen / Haltung. Er schilderte die Geschichte und zugleich sich selbst in dem Satz: „Das menschliche Leben ist eine unausgesetzt pulsierende Folge von Stellungnahmen zu dem erlebten Gegenspieler, den wir Welt nennen." Wie harmlos nehmen sich demgegenüber Begriffe wie „Entwicklung" oder „Tradition" oder „Fortschritt" aus! Ein Kapitel trägt die Überschrift „Gelebte Welten" mit den „aktiven" Leitworten: „Bauplan / Interesse / Bedeutsamkeit". Das nächste Kapitel heißt „Erkämpfte Welten" und erreicht einen Höhepunkt dort, wo Rothacker die Ausgestaltung von Welten unter dem Gesichtspunkt des Intensitätsgrades aufweist: es kommt auf „die Kraft, Wucht, Schwere" an, „mit welcher das Ganze der Realität erlebt" wird. Dies hält er für den entscheidenden Punkt: „Die Welt, in der ein Mensch lebt, steht in einer strengen Wechselbeziehung zu seinem Sein. Dieses Sein, das historisch Lebensstil heißt, charakterisiert sich als ein Inbegriff von Interessen, Trieben, Vorlieben, Fragerichtungen, welche eine bestimmte Auswahl unter möglichen Welten treffen." Wie Rothacker von seinem Temperament aus Geschichte betrachtet, sieht er von seinem Temperament her auch die Geisteswissenschaften[46]. Er stellt fest, daß die Methodenstreitigkeiten in ihnen nicht den logischen Charakter von Verfahrensweisen betreffen, sondern sich letztlich aus einem weltanschaulichen Prinzip bestimmen: „Nichts ist selbstverständlich, alles voraussetzungsvoll und folgenreich ... In den großen methodologischen Neuschöpfungen erweist sich eine neue grundsätzliche Konzeption als einzelwissenschaftlich fruchtbar, greift aber zugleich weit über das Fach hinaus und mündet im Weltanschaulichen. Das ist der letzte Sinn neuer, kühn ergriffener Methoden: sie setzen letztlich eine neue Weltanschauung durch." Dabei meint Rothacker mit „Weltschauung" eine Weise, Welt anzuschauen, aber nicht eine bestimmte kirchliche oder politische Ideologie. Er hätte gewisse grundlegende Vorgänge in der Geschichte und in den Geisteswissenschaften nicht so klar erkennen und so eindringlich belegen können, wenn er nicht sein eigenes Selbst dabei eingesetzt hätte: Wo er war, war Für und Wider.

Nicht nur ein Original, kein edler und vorbildlicher Mensch, kein kühler Objektivist aus der Distanz heraus. Wer war er nun? Wo und wie sollen wir weiterfragen?

Der Entwurf eines Dichters

Wir beginnen mit einem Buch, das ihm sehr gefiel. Ihm gefiel insgesamt der poeta doctus Thomas *Mann* (1875–1955) und besonders sein kluger Roman „Der Zauberberg" (1924)[47]. Er führt im zweiten Band, „in der elften Stunde des Romans", noch eine neue Figur ein: den Mynheer Peeperkorn. Dieser Kolonialholländer spricht keinen Satz zu Ende; aber er ist eine „Persönlichkeit": „‚Persönlichkeit' – man hatte das Wort beständig im Sinne angesichts seiner; man wußte auf einmal, was das war, eine Persönlichkeit, wenn man ihn sah, ja mehr noch, man war überzeugt, daß eine Persönlichkeit überhaupt nicht anders aussehen könne als er." Erging es uns nicht ähnlich bei Rothacker? Nicht als ob er keinen Satz hätte zu Ende sprechen können; das kam durchaus vor, wenn auch nicht regelmäßig. Aber es bestand ein bezeichnender Unterschied: Theodor Litt (vgl. S. 40) sprach jeden Satz zu Ende, Rothacker nicht. Bei ihm war die Gebärde oft ausdrucksvoller als das Wort. Peeperkorn äußert sich einmal zu Hans Castorp über das Leben, es beanspruche unsere höchste Inständigkeit, „alle Spannkraft unserer Manneslust, die vor ihm besteht oder zuschanden wird, – zuschanden, junger Mann, begreifen Sie, was das hieße? Die Niederlage des Gefühls vor dem Leben, das ist die Unzulänglichkeit, für die es keine Gnade, kein Mitleid und keine Würde gibt, sondern die erbarmungslos und hohnlachend verworfen ist, – er – le – digt, junger Mann, und ausgespien." Das „Rätselwort" (vgl. S. 36f.) Leben ist in der Philosophie Rothackers zentral. „Leben" geht in der Philosophie oft unter in der Antithese „Geist und Natur", „Geist und Materie" oder in der Trias „Verstand – Gefühl – Wille". Im Brief an die Hebräer steht (10, 31): „Es ist furchtbar, in die Hände des lebendigen Gottes zu fallen." Rothacker hat Leben als *Werdeprozesse* beschrieben: Schaffensvorgänge, Handlungen und Antworten auf Situationen, den irrationalen Ursprung genialer Gehalte, Wirklichkeit als Widerstand für uns, den wir brauchen, wie der Vogel den Widerstand der Luft braucht, um über ihm frei zu fliegen[48]. Er erkennt *die Geschichte und die Kunst* als Lebensphänomene katexochen und merkt an, der Philosoph müsse auch „der Dichtung mächtig sein, in dem Moment, wo er sich auf Wirklichkeit bezieht"[49].

Rothacker hatte einmal einen merkwürdigen Briefwechsel mit dem Philosophen Johannes Thyssen[50]. Am Schluß heißt es darin: „Unsere eigentliche Differenz liegt in der Bewertung der anschaulichen Leistungen des Geistes. Ihre und Kants ‚Anschauungen ohne Begriffe sind blind' läuft ja im Grunde darauf hinaus, daß der Anschauung erst dann eine Wissensleistung zugebilligt werden könnte, wenn sie sich restlos in einen angewandten Begriff verwandelt hätte. So lange kann das lebendige und handelnde Leben aber nicht warten." Die Rothacker zum 70. Geburtstag gewidmete Festschrift trägt mit Recht den Titel *„Konkrete Vernunft"*[51].

Offenbar gehören „Leben" und „Persönlichkeit" zusammen. Der Blick auf Mynheer Peeperkorn war wohl auch philosophisch nicht unergiebig.

Umrisse

Bevor wir weiterdenken, wollen wir im Sinne Rothackers weiterschauen. Der „Porträtmaler" beginnt mit den Umrissen. Er deutet kurz seine Beziehungen zum „Modell" an.

Rothacker wurde am 23. November 1928 auf einen philosophischen Lehrstuhl an die Universität Bonn berufen. Seitdem kannte ich ihn. Meine Habilitation machte Schwierigkeiten, nicht etwa wegen meiner wissenschaftlichen Leistung, die allgemein anerkannt wurde, sondern weil ich mich gewissen Konventionen nicht einpaßte. Rothacker und Clemen setzten die Erteilung der venia legendi an mich durch – Rothacker am 6. Juni 1930 mit der Begründung, daß er meine Mitarbeit auf einem ihm sehr am Herzen liegenden Grenzgebiet der Philosophie begrüße. Dabei schwebte ihm ein bestimmtes Bild des Philosophiedozenten vor; er sagte, er lasse keinen als Philosophen gelten, der nicht zuvor „etwas Ordentliches gelernt" habe – z.B. Jurisprudenz oder Volkswirtschaft, Romanistik oder Medizin, Städtebau oder – wie in meinem Falle – Literatur- und Kunstgeschichte. Er war gegen die Auslaugung der Philosophie durch Selbstherrlichkeit. So ergab sich zwischen uns von der Methode her eine Verbundenheit, die trotz bedrohlicher Situationen nie zerriß. In seiner Bibliothek legte er meine Veröffentlichungen unter dem Stichwort „Soziologie" ab; er war hellsichtig für meine Absichten. Als die von ihm geleitete Kantgesellschaft Schulden hatte, sollte ich in ihr einen gewinnbringenden Vortrag halten; nach einigem Hin und Her wählte ich das Thema: „Philosophie des Kölner Humors". Die Philosophische Gesellschaft konnte von den Einnahmen noch zwei Jahre leben (so bescheiden sind philosophische Gesellschaften). Rothacker leitete den damals noch abseitigen Vortrag mit einer Bemerkung über den Redner ein, er verstehe etwas von Humor und habe Witz; auch das stimmt. Einige Jahre später besprach er mit vielen selbständigen Gedanken und weiterführenden Ausblicken meine „Weltgeschichte der Kunst", das mir liebste meiner Bücher[52]. Die Rezension war dem Thema in beinah unwahrscheinlicher Weise angemessen; selbst meine Technik der Verweisungen verstand er methodologisch, nicht nur als notwendigen Ausdruck einer vergleichenden Kunstwissenschaft, sondern als Beitrag zu einer werdenden Wissenschaft vom Menschen. Soviel zum Thema „Der Porträtmaler und sein Opfer".

Gerade 40 Jahre alt geworden, kam Rothacker nach Bonn. Auch Jaspers hatte einen Ruf nach Bonn erhalten, lehnte aber ab.

An *Bonn* war die schöpferische Philosophie vorübergegangen: Wilhelm Dilthey (1833–1911) und Georg Simmel (1858–1918), Edmund Husserl (1859–1938) und vollends Max Scheler (1874–1928), dem sich die Kölner Universität vorurteilsfrei geöffnet hatte, Nicolai Hartmann (1882–1950) und Karl Jaspers (1883–1969), zu schweigen von Martin Heidegger (1889–1976), den damals in Bonn nur wenige verstanden. Man betrieb Schulphilosophie auf einer Insel der Lebensferne; Rothacker nannte Bonn „erschütternd unphilosophisch"[53].

Wer damals den Titel „Geheimrat" trug, konnte ihn nur im wilhelminischen Kaiserreich erhalten haben. Man bewegte sich nun in der Spätzeit der geheimrätlichen Ära. Sie war tonangebend auch bei vielen Dozenten, die den begehrten Titel nicht besaßen. Doch sei angemerkt, daß manche „echten" Geheimräte sich völlig souverän und frei von Standesklischees benahmen. Von der Malerei her könnte man das Geheimrätliche „Atelierton" nennen („Ateliermalerei: Bezeichnung von Bildern, die in dem indifferenten Licht des Ateliers, der Künstlerwerkstätte, gemalt sind, auch wenn sie Landschaften darstellen"[54]). Dagegen war Rothackers Stil starkfarbig; er führte sozusagen den „*Fauvismus*" in die Bonner Philosophische Fakultät ein („Les Fauves", „Die Wilden"[55]) und definierte z.B. einen Kollegen, der Schüler des verstorbenen Bonner Schulphilosophen X war, als „die Made, die sich vom Leichnam des Kollegen X ernährt". Dergleichen hatte die Philosophie in Bonn seit der Gründung der Universität 1818 noch nicht erlebt. Die „bakchische Wut der Philosophie", von der Platon sprach[56], wurde durch Rothakker in Bonn gegenwärtig.

Von Sokrates heißt es, er habe sich „stiergleich"[57] auf die Menschen gestürzt, um sie auszufragen. Rothackers *äußere Erscheinung* war „tauredón". Er war gedrungen, schwer, kurzhalsig; nach dem Zweiten Weltkrieg, als wir wenig zu essen hatten, stellte er fest: „Ich habe immer ein sehr positives Verhältnis zu meinem Bauch gehabt." Stand er, auf Neuerscheinungen oder auch auf das Antiquariat begierig, gegenüber der Universität in einer ihm befreundeten Buchhandlung, so füllte seine Gestalt mit dem Schlapphut den halben Laden. Zu seinem raumverdrängenden Auftreten paßte sein rascher Schritt. Die ethischen Persönlichkeiten gehen oft so, als trügen sie Würderollen unter den Schuhsohlen. Rothacker glich eher einer Motoryacht auf dem Rhein: der Bug durchschnitt die Gänge der Universität, Wasser der Langeweile gischtete seitlich hoch, an den Ufern der „bewährten Methode“ klapperten leise die Brücken der Anlegestellen: Staatsexamen, Doktorexamen, Habilitation …

Zu seiner Eigenart gehörte wesenhaft auch seine Herkunft, als der „Naturgrund“ seines Daseins. Er war nicht zufällig, sondern rundherum in Pforzheim geboren und hatte einen pforzheimischen Akzent. Für einen Rundfunkvortrag wurden Ausführungen von ihm auf Band aufgenommen. Das Band verstärkt bekanntlich mundartliche Anklänge. Diese Technik war damals noch neu; als Rothacker sich selber abhörte, sagte er verwirrt: „Ich rede aber pforzheimisch; das wußte ich noch gar nicht.“ Er bejahte das *Naturhafte* in jedem Sinne, nicht zuletzt Essen und Trinken und ein geselliges Mahl. Als Schüler übersprang er einmal den Unterschied zwischen Natur und Geist völlig[58]. Goethes Verse „Kleine Blumen, kleine Blätter“ hatten es ihm übermächtig angetan. Hören wir zur Einstimmung die zweite und die vierte Strophe des Gedichts:

Zephyr, nimm's auf deine Flügel,
Schling's um meiner Liebsten Kleid!
Und so tritt sie vor den Spiegel
All in ihrer Munterkeit.

Fühle, was dies Herz empfindet,
Reiche frei mir deine Hand …
Und das Band, das uns verbindet,
Sei kein schwaches Rosenband!

Als er wieder einmal die geliebten Worte las, „hat mich die selige Wallung so übermannt, daß ich den Zettel mit den ‚Kleinen Blumen‘ in den Mund steckte und verschlang“. Die gegessene Lyrik erschien ihm ohne weiteres als beste Aneignung.

Er lebte aus der *Anschauung*[59]. Darum liebte er Film und Theater, Reisen und Reisebekanntschaften. Einer der letzten Wünsche des Todesnahen galt dem Plan einer Reise. Er teilte sich seinen Tag streng ein. Aber der Abend war der Lust am Lebendigen vorbehalten; dann suchte er Anregungen und konnte nicht genug davon bekommen.

In seiner unersättlichen Freude am Lebendigen konnte er Arnold Gehlens (1904–1976) Theorie von der Reizüberflutung nicht leiden. Er hielt es nicht für eine anthropologische Gefahr, daß der Mensch Reizen ausgesetzt sei; noch weniger forderte er eine Bannung und Ordnung der Reize durch ein Führungssystem[60]. Rothacker fand, es bestehe kein Anlaß, die Reize „chaotisch“ zu nennen. Das seien sie nur dann, wenn der Mensch eine Überzahl von Eindrücken nicht mehr bewältigen könne. Das Chaotische aber sei jeweils ein „Zu viel für mich“, nicht ein Zuviel schlechthin. „Eine drängende Arbeit, Kopfweh, drei Telefonanrufe, eine Luftschutzübung, drei gleichzeitige Besucher, deren einer auf der Treppe stürzt, fehlende Zigaretten usw., dies alles auf einmal bzw. innerhalb weniger Minuten, und die meisten Menschen ‚verlieren den Kopf‘. Sie haben ‚chaotische‘ Eindrücke.“[61] Aus der Wesenslehre von Gehlen wurde bei Rothacker der Ablauf eines Malheurs. Denn das Leben selbst erschien immer schon irgendwie orientiert; diese Orientierung, die nicht in theoretischen Akten aufgeht und an sie gebunden ist, ist eine Leistung des vorwissenschaftlichen Lebens.

Mit der Tatsache, daß Rothacker nur aus seinem Naturgrund und aus der Anschauung zu leben vermochte, hängt auch das *improvisatorische Moment* in seinem wissenschaftlichen Schaffen zusammen. Der Griff ins Leben war ihm wichtiger als der Begriff von Leben.

„Stiergleich“ wie die Dynamis seiner Erscheinung war auch die *Dynamis seiner Forschung*. Die Bücher, die er brauchte, mußte er besitzen; denn er verstand sie erst dann produktiv, wenn er sie durch Unterstreichungen, Randbemerkungen und eingelegte Zettel mit Verweisen für sich hergerichtet hatte. In solchem aneignenden Lesen wurden sie ihm zu einem Teil seiner eigenen Forschung. Es ging nicht mehr nur um Buchlektüre, sondern um Bucherlebnis. Goethe sagte am 17. Dezember 1824 zu Kanzler Müller und Eckermann: „Nur durch Aneignung fremder Schätze entsteht Großes.“ Der Gegensatz der „Aneignung“ ist die bloße Kenntnisnahme; der Gegensatz zu „fremde Schätze“ ist das Verharren beim Eigenen. Rothacker brauchte drei Schreibtische auf einmal und im selben Zimmer. Zwischen ihnen wanderte er hin und her, legte dort etwas hin, nahm dort etwas weg. So vollzog er geistige Truppenverschiebungen. Die anschauliche Ordnung war ihm nötig zur inneren Aneignung des Stoffes. Er war im Lesen unersättlich und schmeckte die Bücher so durch, wußte sie sich und anderen so schmackhaft zu machen, daß sie nicht mehr nur ein Haufen „Gedrucktes“

waren. Im letzten Kriegsjahr blieben in Bonn nur noch etwa Dreiviertelstunden am Tag frei von Fliegeralarmen. Rothakker ging jeden Abend in den Luftschutzbunker. Was nahm er mit? Jeweils einen Band der Zeitschrift „Hochland“, die er für ausgezeichnet hielt[62].

Organisten spielen auch mit den Füßen. Rothacker scharrte bei der Lektüre oft vor innerem Eifer mit den Füßen. Dabei verscharrte er einmal seinen Personalausweis, ohne den man nach 1945 in der Besatzungszeit nicht zurechtkommen konnte. Nach langem Suchen fand er sich unter dem Teppich. Mißfiel ihm im Seminar ein Referat, so gingen seine Füße unruhig über den Boden, und er schnaufte wie ein Pferd im Stall.

Viele Nicht-Philosophen schickten ihm Sonderdrucke ihrer Arbeiten, weil sie sich bei ihm aufgehoben fühlten, und mehr: weil er über Grenzen hinweg Probleme anzurühren wußte. Goethe äußerte sich am 17. März 1832, fünf Tage vor seinem Tode, zu Wilhelm von Humboldt (1767–1835): „Das beste Genie ist das, welches alles in sich aufnimmt, sich alles zuzueignen weiß, ohne daß es der eigentlichen Grundstimmung, demjenigen, was man Charakter nennt, im mindesten Eintracht tue, vielmehr solches noch erst erhebe und durchaus nach Möglichkeit befähige.“ Rothacker sprang auf alles an, was man ihn fragte. Das Gespräch mit ihm hatte immer eine erweiternde Kraft. Wenn es die Griechen waren, die uns nach allem Möglichen zu fragen gelehrt haben, so war er ein echter Grieche. Neben ihm wirkten freilich die Vertreter eines gräzisierenden Humanismus blaß, zumal viele von ihnen an ein idealistisch hehres Griechentum glaubten, das es historisch nicht gegeben hat. Rothacker war nie langweilig. Das Langweilige hielt er für eine Todsünde des Wissenschaftlers; denn es bewies, daß der betreffende Forscher das Leben nicht ergriffen hatte. Ihn umgab das Feuer des Denkens.

Neben ihm wirkte in Bonn der bedeutende, aber gewollt eingegrenzte Romanist Ernst Robert Curtius (1886–1956). Er hatte mannigfache, wissenschaftlich nicht zu begründende, empfindungshafte Abneigungen. So lehnte er in einem aufschlußreichen Gespräch mit mir Pindar ab. Von der deutschen Kunst der Renaissance ließ er nur Hans Holbein d. J. (1497–1543) gelten – wegen seiner strengen italiennahen Form. Als Rothacker über diese Schranke hinausgehen wollte, rief Curtius entsetzt aus: „Gleich fangen Sie noch an, von Dürers ‚Mutter' zu reden!" Das erschien ihm als Gipfel antiklassischer Verstiegenheit. Aus ähnlichen Motiven wandte sich Curtius gegen den Manierismus mit der Begründung[63]: „Während es nur eine Weise gibt, die Dinge natürlich zu sagen, gibt es tausend Weisen der Unnatur." Eine solche Normsetzung war Rothacker fremd; er hatte nicht einen so ekstatischen Begriff von „Natur", sondern wußte, daß beim Menschen „Natur" immer schon „Kultur" ist: freie Prägung des schöpferischen Geistes. – Der Krieg ging zu Ende. Die Besatzung beschlagnahmte unsere Wohnungen. Curtius hatte sich unweit von Bonn in Sicherheit bringen können (kein Mensch wußte damals im voraus, wo Sicherheit war). In der Auflösung aller urbanen Selbstverständlichkeiten zog Rothacker mit seinem schon erwähnten Fahrradanhänger trotz vieler Einwände gegen Curtius als Forscher und Menschen los, um Habseligkeiten von ihm in seiner Bonner Wohnung zu retten. Ich begegnete ihm damals, genau wie er auf der Suche nach einer neuen Bleibe. Auf dem Fahrradanhänger lag eine Frackweste von Curtius; mehr war nicht aufzutreiben. Aber auch dies unzeitgemäße Kleidungsstück bezeugte seine feindlich-freundschaftliche Verbindung mit dem durchgeprägten Romanisten. – Ich schließe nun das einleitende Kapitel meines Versuches über den Entdecker mit den Leitmotiven: Das Elementare / die Seinsfülle / das Ungestüm (ein unscheidbar sinnliches-seelisches-geistiges Ungestüm). Dieser elementare, eigenwillige Mann geriet nun in das Dritte Reich hinein, das nur Untertanen, Ja-Sager brauchen konnte.

3. IM DRITTEN REICH

Anfänge 1932–1935

1932 unterschrieb Erich Rothacker den Aufruf von fünfzig deutschen Hochschullehrern für Adolf Hitler (1889–1945). Ihn erschütterte es, daß die Macht des Staates zerrüttet war. Parlament und Straße waren Orte blutiger Kämpfe. Die Zahl der Arbeitslosen stieg auf sechs Millionen an (mein fleißiger Vater war darunter; so weiß ich, wie entsetzlich das Gefühl der Aussichtslosigkeit, ja der Schande auf den so Ausgesonderten lastet). Die Massen waren radikalisiert – teils dem Nationalismus, teils dem Marxismus blind ergeben.

Gesetzt den Fall, die Franzosen hätten ähnliche Zustände gehabt und hätten vielleicht nach einem Führer gerufen, der den Staat gestärkt hätte; vielleicht würde man solche Leute in Frankreich als Patrioten bezeichnet haben – ein in Deutschland nicht geschätzter Begriff. Rothacker war ein naiver Patriot, der den Frieden, die Ruhe, den Wiederaufstieg zu fördern hoffte. Wir im Rheinland dachten anders; ein Beweis dafür ist die Tatsache, daß bei den letzten freien Wahlen vor der Nazizeit, am 31. Juli 1932, die wenigsten Pronazi-Stimmen ganz Deutschlands in Köln und Bonn abgegeben wurden: 20,2% (im Reichsdurchschnitt 37,3%)[64]. Doch dies nur nebenbei. Mein Lehrer Paul Clemen (1866–1947) erwartete, daß die Revolution ihre Kinder fressen werde: mit den einen mache man die Revolution, mit anderen die Zeit danach; so sei es unter Benito Mussolini (1883–1945) in Italien geschehen.

Viele erkannten damals klar die Minderwertigkeit der führenden Nationalsozialisten; viele sahen sie nicht – so Rothacker, der in der Philosophie souverän zu denken wußte, in der Politik jedoch dem Gerede verfiel.

Ihn führte hauptsächlich wohl ein *hochschulpolitisches Motiv* zu den Neuen hin. Es beschäftigte ihn schon lange die Idee eines Forschungsinstitutes für Geisteswissenschaften. Eine eingeschränkte Variante dazu beschrieb er am 30. Juli 1933 unter der Überschrift „Deutsche Selbstbesinnung" im Sonntag-Morgen. Er entwickelte einen Jahresplan für nationale Erziehung mit Vorlesungen und Übungen zur Selbsterkenntnis deutscher Kultur in Sprache, Kunst, Musik u.a. Dabei vertrat er keine völkischen Radikalismen, wollte vielmehr über das eigene Volk hinausführen und das Ein- und Ausatmen des europäischen Geistes in ihm beobachten.

Träumte er, deutscher *Kultusminister* zu werden und so entschieden an einer Reform der Universität mitwirken zu können? Am 11. November 1933 forderte ihn Joseph Goebbels (1897–1945), der Reichsminister für Volksaufklärung und Propaganda, „für eine probeweise Verwendung" an. Aber man hatte für ihn nur das Referat „Volkshochschule" übrig. So kehrte er bald von Berlin nach Bonn zurück. Ein

Mann wie er war unter der Devise des Parteigehorsams nicht verwendbar.

1934 wurde Rothacker *Dekan* der Philosophischen Fakultät in Bonn. Die Nazis hatten mich zu verfolgen begonnen. Sie strichen mir am 10. Juli 1934 mein einziges festes Einkommen an der Universität in Höhe von 214,14 Mark monatlich. Ich bat den Dekan um Hilfe. Er riet mir, die Katholiken sollten auswandern und irgendwo eine katholische Universität gründen. Katholizismus als Kainsmal – das gab es damals in Bonn, und es gab es auch noch nach 1945. Am 2. 11. 1934 nannte er mich in einem Bericht an den Minister „als Dozenten und Gelehrten ausgezeichnet qualifiziert" und schlug als Ausweg vor, daß die Notgemeinschaft der Deutschen Wissenschaft mir ein Forschungsstipendium gewähren möchte. Das geschah nicht.

1934 schrieb Rothacker im Nachwort seiner „*Geschichtsphilosophie*"[65], der Sieg der nationalen Revolution habe ein neues Bild des Menschen aufgerichtet: im Hinblick auf den Staatsgedanken, den Deutschtumsgedanken und den Volksgedanken. Der Rassegedanke aber sei nicht frei von inneren Spannungen zu den übrigen Leitideen; er müsse aus dem ausschließlich somatischen Bereich in den der Gesinnung, zu einer bestimmten deutschen Haltung hingeführt werden. Eine weitere ungelöste Spannung sah Rothacker auf der religiösen Seite; hier sei ein Ausgleich „nur in einer neuen christlich-germanischen Synthese, keineswegs aber in einer Opferung der tiefsten religiösen und sittlichen Erfahrungen der abendländischen Menschheit" zu finden. Insgesamt genüge nicht eine ausschließlich von außenpolitisch-militärischen Gesichtspunkten diktierte Lebenshaltung: einem starken Druck von außen begegne man „am leichtesten im Besitze eines starken inneren Haltes".

1941 fiel Rothackers einziges Kind, sein Sohn Johann Adam, 20jährig.

„Persönlichkeiten" sind nicht wie die Posaunen im Orchester, die fest und siegreich den Weg ihrer Melodie durchführen. In diesem Zusammenhang ist die Ahnentafel Christi interessant[66]: er stammt aus einem Geschlecht mit vielen bedeutenden Persönlichkeiten und mit vielen Sündern.

Rothacker wandte sich von der Partei nicht aus enttäuschtem Ehrgeiz, sondern aus seinem unbedingt *wissenschaftlichen Ethos* ab. Bald war er wegen lebensgefährlicher Äußerungen im Studenten- und Kollegenkreis bekannt[67]. Damals mußten die Studenten im Staatsexamen auch ihre nazistische Bildung nachweisen, z.B. durch die Kenntnis des Buches von Alfred Rosenberg (1893–1946): Der Mythus des 20. Jahrhunderts (1930) – einer Art Partei-Bibel. Ein Prüfungskandidat fragte Rothacker 1935: „Muß ich auch Rosenberg können?" Rothacker dachte kurz nach und antwortete: „Ein wissenschaftlicher Autor namens Rosenberg ist mir nicht bekannt." – Ein nazistischer Funktionär leitete eine Veranstaltung in der Bonner Universität damit ein, daß er zur Begrüßung die Verlegerin Bouvier „Frau Büví" nannte und von „Dozenenten" sprach. Das fuchste Rothacker, und auf einer offiziellen Veranstaltung der Partei vertrat er betont die „volksfremde" These: „Gebildet ist, wer die antiken Autoren kennt." – Die Nazis zwangen unter genauer Kontrolle die Hochschullehrer, an Versammlungen wissenschaftlicher Art teilzunehmen. Dabei gingen die Ansichten über den Begriff „wissenschaftlich" auseinander. In Bonn hielt der Philosoph Oskar Becker (1889–1964) einen Vortrag über das Thema „Was ist Wahrheit?" und vertrat dabei einen objektiven Wahrheitsbegriff. Es sei angemerkt, daß dies in einem Hörsaal geschah, dessen Fenster auf den schönen Hofgarten hinausgingen. Ein wissenschaftlich nur schwach begabter, aber nazistisch unerschütterlicher Privatdozent der Geschichte entfesselte eine Polemik von der These her: „Wahr ist, was dem Volke nützt." Das brachte Rothacker in Wut: die wissenschaftlichen Methoden müßten sich nach den Gegenständen richten. Er wandte sich zu den Fenstern hin und schalt den tiefgläubigen Privatdozenten: „Sie können über die Bäume des Hofgartens alles Mögliche sagen; aber dann lachen die Bäume Sie aus!" Solche Äußerungen konnten einem damals nicht nur den Beruf, sondern sogar Kopf und Kragen kosten.

1938 erreichte die *Judenverfolgung* ihre grausige öffentliche Darstellung in der Brandstiftung an 191 Synagogen. Viele wollten es damals noch immer nicht glauben; als ich einem führenden Juristen unserer Universität zurief: „Die

Synagoge brennt!", sagte er: „Herr Lützeler, das ist unmöglich; darauf steht Zuchthaus." Die Ächtung von Juden war Rothacker tief fremd und zuwider. Obwohl es verboten war, jüdische Autoren zu zitieren, tat er es dennoch, so noch 1941 in seinem Buch über die Schichten der Persönlichkeit David Katz (1884–1953), den ausgebürgerten Paul Ludwig Landsberg (1901–1944), an vielen Stellen den Halbjuden Scheler (1874–1928)[68].

Rothacker wurde im Seminar *bespitzelt.* Eine Studentin gab sich dazu her, als Agentin für die Partei tätig zu werden. In einer Seminarsitzung über „Philosophische Anthropologie des 19. Jahrhunderts" referierte sie über Ernst Moritz Arndt. Ihre Einleitung über die „heutigen" Aufgaben der Philosophie nahm kein Ende; schließlich schnitt ihr Rothakker das Wort ab mit der Bemerkung: „Wenn Sie fortfahren, der Philosophie vorzuschreiben, was sie zu leisten hat, prüfe ich Sie."[67] Manchmal ging in seinen Äußerungen über das Regime das Temperament mit ihm durch, und er schimpfte in einem Lokal, als wir nach einem Vortrag in der Kantgesellschaft gemütlich beisammensaßen, mit seiner scharf akzentuierenden Stimme so hemmungslos auf die Partei, daß sein Mitphilosoph und entschiedener Gegner der NSDAP Johannes Thyssen (1892–1968) sagte: „Herr Rothacker, wenn Sie jetzt nicht aufhören, auf das Dritte Reich zu schimpfen, verläßt Thyssen das Lokal – weil er auch noch das Vierte Reich erleben möchte." Er hielt auch zu politisch mißliebigen Kollegen, etwa zu mir, privat und öffentlich, und zitierte mich oft im Kolleg. Er war ausgesprochen tapfer.

1941 berichtete Rothacker über das aufsehenerregende Buch von Arnold Gehlen „Der Mensch. Seine Natur und seine Stellung in der Welt"[60] vor einem großen Hörerkreis in der Universität Bonn. Gehlen überschreibt das Schlußkapitel seiner bedeutenden Untersuchung „Oberste Führungssysteme"; dieser Abschnitt bildet den Kern seiner Auffassung vom Menschen. Das machte Rothacker in seinem Referat folgerichtig und überaus anschaulich klar; er führte aus: Gehlen ist ein kühler Rationalist. Solche hat es seit Demokrit (um 460 bis 370 v. Chr.) immer gegeben. Machiavelli (1469–1527) und Hobbes (1588–1679) gehören dazu. Er ist ein großer, aber kalter Konstrukteur des Verstandes. Darum wählt er die Wirklichkeit passend aus für sein System. Er hat eine einzige Idee eisern durchgeführt. Zur Charakteristik des Systems wäre etwa folgendes zu sagen:

1. Die Vernunft erscheint bei Gehlen als Ersatz der fehlenden Instinkte, die dem Tier eine nachtwandlerische Sicherheit geben. Der Mensch kann sowohl die Reizfülle wie die Triebfülle abblenden. Ohne diese Begrenzung gäbe es Anarchie, weil dem Menschen Instinkte fehlen und weil er nicht Normen, Weltanschauung aus sich formen kann.
2. Die Gemeinschaft, der Staat, gibt ihm Führungssysteme. Der Mensch ist Zuchtwesen. Er gehorcht dem Diktat der Führungssysteme. Ein Restchen bleibt der Religion: die Sphäre des Leidens, des Mißerfolges, des Todes. Aber die Führungssysteme und der Erfolg rücken immer weiter vor. Die Führungssysteme sagen dem Wesen, das alles kann, das, was es soll. Der Mensch braucht Befehle. Seele und Geist sind aufgelöst.
3. Das Vererbte ist ohne Bedeutung. Gehlen denkt erstaunlich unbiologisch. Aber der Idee der staatlichen Planung fügt sich sein System glänzend ein. Planung ist kein biologischer, sondern ein mechanistischer Gedanke. Der Mensch steht zu gewissen öffentlichen Zwecken zur Verfügung. Gehlen sieht den Menschen teleologisch nur im Sinne des Mechanismus an.
4. Der Mensch ist einseitig als Techniker, als Rekordler aufgefaßt. Er kann alles. Nur weiß er nicht, was er tun soll. Das Menschenbild ist amerikanisch bestimmt.
5. Gehlen kennt nur den Menschen seit 1830. Ein kleinster Ausschnitt aus der Geschichte der Menschheit wird hier systematisiert. Es ist zu bedenken, daß der Mensch stets in einer Kultur steht. Darum ist eine Anthropologie nur unter Einbezug auch der Kultur möglich, von der man bei Gehlen nichts hört, muß also Kulturanthropologie sein. Auch vom Ästhetischen hört man in diesem Buche nichts, ebensowenig von der inneren Tiefe des Menschen.
6. Die Grundfrage des Buches lautet: Wie kommt der Mensch zur Verfügung über die Welt? Darum ist es im Grunde ein kinderpsychologisches Buch. Es behandelt hervorragend die Ontogenese der Wahrnehmungs-, Bewegungs- und Sprachleistung. Aber schon im Tierleben sind die Instinkte weitgehend überwunden. Die eigentlichen Klassiker der Instinkte sind die Insekten. Aber sonst

kann das Tier schon vieles lernen. Dort, wo die Einzigkeit des Menschen gegenüber dem Tier beginnt, macht das Buch halt.

Gehlen schreibt (in der 2. Auflage seines Buches, Berlin 1941, S. 465 f.): „... es ist in Deutschland durch Tatbeweis gesichert, daß ein immanentes Zuchtbild imstande ist, tragende Grundsätze des Handelns aufzustellen und durchzuführen, eine feste Organisation des Wachstums und der Leistung des Volkes aufzustellen sowie notwendige gemeinsame Aufgaben anzuweisen und zu realisieren. Dieses Gebiet ist also das der Weltanschauung in dem Sinne, den der Nationalsozialismus dem Wort gegeben hat und den Rosenberg in dem Begriff der Durchsetzung germanischer Charakterwerte zusammenfaßte. Die Religion ist daher, und zwar im Zuge einer sehr langen Entwicklung, die jetzt abgeschlossen ist, beschränkt worden auf den Umkreis von Interessen, die ich mit dem Ausdruck ‚Interessen der Ohnmacht' bezeichnet habe, während sie früher den Menschen in Hinsicht *aller* dieser Grundinteressen festzustellen unternahm."

Rothackers überdeutliche Kritik verschlug mir den Atem, und ich hatte den Eindruck, daß in der Universität die Gegenrevolution begonnen habe; es war einzigartig.

Die *Militärregierung* entließ Rothacker 1947 aus der Universität und stellte seine Dienstbezüge ein. Es fiel mir nicht schwer, in einem Brief an die Abteilung Erziehung in der Militärregierung die Sachlage auseinanderzusetzen. Bereits im Wintersemester 1947/48 durfte er wieder uneingeschränkt bei uns tätig sein. Man konnte eben auch seinen Weg durch das Dritte Reich ungescheut darstellen: seine Blindheit aus der Hoffnung des Patrioten, seine Einsicht aus dem Ethos des Gelehrten, seinen Mut aus der Freiheit dessen, der die Wahrheit erkannt hat.

Goethe hatte es leichter, als Persönlichkeit zu reifen und er selbst zu bleiben. Vollends waren die Gelehrten an den deutschen Universitäten des 19. Jahrhunderts im allgemeinen recht gut daran. Eine Ausnahme bildete Ernst Moritz Arndt (1769–1860)[69]: 1808 Entlassung aus seinem Greifswalder Lehramt durch die französische Besatzungsbehörde, in Bonn Suspendierung von seinem Lehramt durch die preußische Regierung (ausdrücklich in der Kabinetts-Ordre vom 6. 12. 1826), erst am 15. Juli 1840 Aufhebung des Vorlesungsverbotes. Es war auch bei Arndt die Politik, die ihn aus gegensätzlichen Beweggründen in Wirrnisse stürzte.

4. VERHALTENSWEISEN

Die Philosophie Rothackers erwuchs aus dem Menschen Rothacker. Das Leben spielte ihm die Fragen zu, und seine Antworten zielten immer auf Leben. Er war das völlige Gegenteil jenes Typus von Denker, den eine Buchbesprechung kürzlich so charakterisierte[70]: „Alle Ideen sind gedacht, allen Wegweisern ging man nach, alle Verheißungen wurden durchlitten ... An die Stelle des Denkens tritt das beharrliche Hin- und Herwenden des längst Gedachten... Jeder Gedanke provoziert einen ebenso plausiblen Gegengedanken. Eine tropisch wuchernde Fülle, die kraftlos anmutet, Kraftlosigkeit ausströmt. Eine bewegte Leblosigkeit, ein Sichzufriedengeben mit Eklektizismen." Ein Panorama der Auffassungen zeige, was der Mensch sei: „Neue Ideen gibt es nicht und wird es nicht geben." Aus den Materialmassen, die der Verfasser ausbreite, lasse „sich kein beruhigender Imperativ entnehmen". Es sei dahingestellt, ob diese Rezension den gemeinten Autor trifft oder nicht vielmehr grob verfehlt. In unserem Zusammenhang kommt es lediglich auf den geschilderten Typ des Philosophen an: er bildet den Gegenpol zu Rothacker.

Wir wenden nun das von ihm entwickelte geschichtsphilosophische Schema von Lage und Antwort (vgl. S. 41) auf ihn persönlich an: Wie reagierte er im Alltag, wie unter außergewöhnlichen Umständen? Dabei wird nicht einfach ein Bündel Anekdoten dargeboten; vielmehr sind die Erzählungen so ausgewählt, daß sie ein Licht auf den Lebensvollzug eines entdeckerischen Menschen werfen können.

Alltag

Rothacker war nie indiskret; er war nicht intrigantisch; er gehörte nicht zu den akademischen Ohrenbläsern, die von Einladung zu Einladung Nachrichten raunen. Er war bei Streitigkeiten nie maßstablos; ihm wäre es nicht in den Sinn gekommen, in einen Krach mit Kollegen Nerven oder einen erheblichen Teil seiner Arbeitszeit zu investieren. Dafür war ihm „das Leben" zu schade.

Er teilte manchmal derbe Stöße aus, aber vertrug sie auch. Der Historiker Max Braubach (1899–1975) wandte sich einmal schroff gegen eine Behauptung Rothackers: „Was Sie gerade gesagt haben, ist heller Blödsinn, und das wissen Sie auch." Da wußte er es, und die Luft war klar.

Er ging an alle Situationen mit *Phantasie* heran. Nach seiner Ansicht gehörte sie auch zum Philosophieren. Gern stellte er aus Phantasie Gedankenexperimente an, z.B.: „Denken wir uns einmal eine völlig menschenleere Landschaft ..."[71]

Immer hatte er etwas *Persönliches*, selbst im sachlichen Bereich, so wenn er z.B. in einer Fakultätssitzung seine Frau Käthe liebevoll zitierte oder wenn er nach dem Zweiten Weltkrieg, als noch alles knapp war, einer klugen Schauspielerin, die in der ersten Bankreihe sein Kolleg hörte, zu Beginn der Stunde eine Rose überreichte.

Er war ein Meister des *Professorenporträts*. So berichtete er über einen wendigen, immer agilen, nie zu ermüdenden, allschnuppernden Kollegen: „Da habe ich eben wieder den Dackel, den X. gesehen." An einer Kommissionssitzung sollte ein Kunsthistoriker teilnehmen, ein Humanist hohen Ranges (der gerade deswegen Rothacker temperamentsmäßig nicht lag). Der Dekan wollte die Sitzung beginnen, bevor der Kollege von der Kunstgeschichte eingetroffen war. Da rief Rothacker: „Halt, noch nicht anfangen! Es fehlt noch unser kunstliebender Klosterbruder!" Also eine Anspielung auf Wilhelm Heinrich Wackenroder (1773–1798): Herzensergießungen eines kunstliebenden Klosterbruders (1797). Neben ihm wirkte als Philosoph Theodor Litt (1880–1962) – stark ethisch gerichtet, aber nicht nur mit der Gabe des aufrufenden Wortes, sondern auch mit Humor gesegnet, eine wahrhaft liebenswerte Persönlichkeit. Rothacker war in einem Vortrag von ihm und erzählte: „Gestern habe ich übrigens nach langer Pause noch mal das Große Grammophon der Universität gehört. Hat mir übrigens sehr imponiert." Ein anderer Kollege – eifrigster Exponent des Dritten Reiches und dazu unzureichend begabt – hielt in Hörsaal IX in Bonn einen dürftigen Vortrag. Sofort nach dem letzten Wort und noch bevor Beifall einsetzen konnte, erhob sich Rothacker, wandte dem Redner seine breite Rückseite zu und stand vor den Zuhörern, als ob er die Diskussion beginnen wolle; statt dessen sagte er: „Dieser Vortrag war so verdammt trocken, daß ich mich sinnlos besaufen könnte." Kurz darauf erzählte er, er habe bei einem anderen Vortrag hinter diesem Kollegen gesessen und deutlich gehört, wie in dessen Hinterkopf ein Rädchen ständig rundgegangen sei und gesurrt habe: „Mir fällt nichts ein, mir fällt nichts ein ..." („Einfall" war für Rothacker ein tragender Begriff des Philosophierens; vgl. S. 41).

In besonderen Lagen

Er liebte das Überraschende und darum das *Paradoxon* als eine Äußerungsform des Lebendigen: das Leben durchschlägt eben Denkschemata. Er traf 1925 im Heiligen Jahr in Rom den klugen Jesuitenpater Peter Lippert (1879–1936). Die italienischen Pilger schlurten ungeordnet über den Petersplatz; die Deutschen gingen streng in Reihen. Rothacker wunderte sich. Da sagte Lippert: „Die Kirche Gottes ist nicht durch die Disziplin der Deutschen, sondern durch die Schlamperei der Italiener gerettet worden." Rothacker dachte nach; es kitzelte ihn in der Nase. – Im Dritten Reich fand eine Tagung für Literatur in Wiesbaden statt. Diejenige Literatur, die sich in der Parteilinie hielt, sollte Idol sein. Rothacker dagegen führte aus, in der Literatur komme es auf die Form an; nur das Geformte habe Bestand in der Geschichte; dann verwies er auf die Formen der katholischen Kirche, die noch alle europäischen Revolutionen und Bewegungen überdauert hätten.

Es bedarf kaum eines Hinweises, daß er die Bibel liebte – nicht im religiösen Sinne, sondern als *Buch des Lebens*, des allmenschlichen, allgeschichtlichen, allnatürlichen Lebens. Rothacker nahm an einem Kongreß der Philosophen in Lateinamerika teil. Ein Kollege wollte eigentlich zu Schiff heimfahren, war aber zu nervös dazu. So gab ihm Rothacker seine Flugkarte und bestieg selber das Schiff. Natürlich war er auf diese improvisierte lange Reise nicht vorbereitet. Verzweifelt suchte er an Bord nach Büchern. Es mußte doch gewiß eine Bibel in der Schiffsbibliothek geben, und er hätte gern wieder darin gelesen. Aber auf dem schwedischen Schiff war nur eine

Bibel in schwedischer Übersetzung vorhanden. Der Kapitän versoffen, die Bibel schwedisch ... das war für Rothacker zuviel: „Zwanzig Tage ohne Lektüre ... Ich bin beinah verzweifelt. Es war eine der furchtbarsten Zeiten meines Lebens."[72] Eigentlich war ihm jedes Buch im gewissen Sinn ein „Buch des Lebens". Die Bücherbestände des Philosophischen Seminars Abteilung A wurden im Zweiten Weltkrieg vernichtet. Sein Freund, der Verleger Felix Meiner, sandte ihm ein dickes Paket mit philosophischen Texten zu, das er beim Zoll abholte. Nun wollte er den Karren, der die kostbare Last trug, nicht vom Assistenten ziehen lassen. Er tat es selber, weil er gleichsam das herrliche Gewicht des Geistes sinnlich spüren wollte.

So glänzend er die Phänomene in Natur und Kultur beobachtete, so wenig vermochte er Entwicklungen vorauszusehen. Er hatte ein kindliches Verhältnis zur Politik und zu militärischen Operationen. Aber im Krieg betätigte er sich gern als *Prophet;* wenn er neue riesige Erfolge der Deutschen voraussagte, gingen wir immer getröstet von ihm weg; denn wir waren sicher, daß es umgekehrt eintreffen würde, und sagten zu ihm: „Nun, Herr Rothacker, wo Sie gerade die kriegverlängernden Erfolge der Deutschen vorausgesagt haben, eine totale Änderung der militärischen Lage, schlafen wir beruhigt ein. Denn jetzt glauben wir, daß der Krieg bald zu Ende ist." 1954 sandte mir Rothacker einen Sonderdruck: „Universität und Allgemeinbildung" zu – mit der Widmung: „Einem unserer künftigen Rektoren als Sinndeutung des hochschulpolitischen Aktionsfeldes". Hier irrte er: die Universität wählte mich nie zum Rektor.

Die Freude am *Spiel* war ihm ebenso wesentlich wie der philosophische Ernst. Die freie Entfaltung der Energie, die Funktionslust, die freie Spannung und Entspannung, Geselligkeit, Heiterkeit und Lachen, zudem Narkotika erkannte er als Urbedürfnis der Menschheit überhaupt[73]. Darum versäumte er nie die Karnevalsfeste des Bonner Kunsthistorischen Institutes, die in eigener Weise durchgeprägt waren. Auf einem erschien er als Ernest Hemingway (1898–1961), ein vorzügliches Selbstbildnis. Man denkt etwa an eine Stelle in der Novelle „Der alte Mann und das Meer" (1952): der alte Mann „wartet darauf, ob noch mehr Löwen kommen würden, und er war glücklich"[74]. So wartete Rothacker immer auf das Leben und begegnete manchmal auch dem Löwenhaften im Leben; „und er war glücklich".

Von Rothacker persönlich sprechen heißt zugleich von seiner Philosophie sprechen. Indem wir sein Verhalten im Alltag und in besonderen Situationen schilderten, stießen wir zugleich auf Grundbegriffe seiner Philosophie: Anschaulichkeit / Beobachtung / Lebendigkeit des in Büchern Mitgeteilten / Einfall / Phantasie / das Überraschende / Spiel. Person und Sache erwiesen sich bei ihm als zwei Seiten derselben Grunderfahrung. Der lebendige Geist in ihm blieb sich in allen Situationen und über alle Entwicklungsphasen hinweg gleich.

SCHLUSS

„Rothacker gelangen erste Wahrnehmungen. Eine echte und originäre Wahrnehmung zu machen ist schwer, so schwer, daß Rothacker oft genug sagte: ‚Jede Wahrnehmung ist ein Werk.' Man glaubte in seiner Nähe einer Quelle nahe zu sein."[13]

Viele Gelehrte lassen sich durch die Vortrefflichkeit ihrer wissenschaftlichen Untersuchungen umfassend bestimmen. Bei Rothacker wäre dies unzureichend gewesen. Man mußte ihn unmittelbar als Persönlichkeit erfahren: den enorm Wissenden und den fröhlichen Gesellschafter, den vital Losstürmenden und den Meister sublimen Scharfsinns, den Kratzbürstigen und den letztlich treuen Freund. Er umspannte noch eine Vielheit von Wissenschaften, und eine Vielheit von Wissenschaften empfing von ihm. Im Umgang mit ihm wurden uns Welten sichtbar – aus seinem leidenschaftlichen Entdeckertum.

Oft erscheint uns die Luft einer Universität dünn und kühl. Dann denken wir dankbar an Erich Rothacker und erinnern uns an den Vers Stefan Georges[75]:

Luft, die wir atmen, bringt nur der Lebendige.

Ein Bewahrer und Erretter

Paul Clemen (1866–1947)

„O Nichtigkeiten der Nichtigkeiten! Alles ist nichtig", sagte der Prediger im Alten Testament[76]. Und wir, die wir seit 1914 von Untergängen umgeben sind, verstehen ihn. Dennoch gibt es Menschen, Ereignisse, Dokumente, Denkmäler, die nicht vergessen werden sollten. Wir verlangen nach ihnen; wir brauchen sie für unsere Gegenwart und unsere Zukunft. Es ist nicht alles nichtig.

Daß jemand aus dieser wesenhaften Einsicht bewahrt und errettet, verlangt – wie das kühne Entdecken – das volle Maß einer Persönlichkeit. Sie muß bereit sein, gegen den Strom zu schwimmen, und muß dazu begabt sein, Träge zum Aufbruch zu bewegen, Stumpfen Einsicht zu vermitteln. Denn Gegenwartsbesessene von damals bis heute vermögen nur noch das kleine Pünktchen ihres eigenen Daseins, ihr beschränktes Hier und Jetzt zu erkennen: Bilanz / Tarif / Weihnachts- und Urlaubsgeld / Ferien im Sommer / Schlußverkauf.

Paul Clemen bewahrte und errettete Kunst – eine zu unserem Leben gehörende. Er war ein ganz anderer Typ als der „Entdecker": er verweilte und stürmte nicht fort; er brachte Vorhandenes vor Augen und ging nicht irgendeiner Ferne entgegen; er war ruhiger, unsensationeller als der von Neuem Besessene; aber auch er packte Menschen seiner Umwelt und bewog sie, daß sie sich dazu bekannten, zu bewahren und zu erretten, weil sie dies Gut für wert hielten.

Clemen, wesentlich älter als Rothacker, war weit mehr als dieser in die Geschichte verstrickt. Er wirkte noch im wilhelminischen Kaiserreich als Erzieher des deutschen Kronprinzen. Freilich hatte er dabei keinen rechten Erfolg; denn nachdem er dem Kronprinzen im Museum Tizian und Rembrandt erklärt hatte, stellte er ein paar Wochen später fest, daß die junge kaiserliche Hoheit es vorzog, in ihrem Zimmer Farbkarten vollbusiger bereitwilliger Mädchen anzuheften, nicht

Reproduktionen nach großen Meistern. Clemen erlebte den Zusammenbruch von Kaiser und Armee, und als ich bei einer geselligen Veranstaltung 1922 neben ihm saß, sagte sein pathetisch übertreibender Assistent entsetzt: „Herr Geheimrat, wissen Sie, daß Sie gestern abend neben einem Kommunisten gesessen haben?" Solche Mythologien berührten ihn nicht: er war wach für eine völlig andere, für unsere Zeit, damit auch für mich. Dann erlitt er das Dritte Reich. In Berlin fragte ihn ein Ministerialbeamter beiläufig, wie es ihm gehe. Er antwortete: „Ich schäme mich so durch." – Nach dem Zweiten Weltkrieg stand er inmitten der Zerstörungen als ein tätiger Mann, und sein letztes Wort vor den trümmerhaften Denkmälern war: „Die Arbeit der Wiedererweckung nach weisem Plan beginnen ... im Inneren alles ausdenken, ein Bild des vollendeten Bauwerks schon in sich bewahren. Bereit sein ist alles."[77] Und er schloß mit Versen Goethes[78]:

> So werdet ihr, und wenn aus ihren Fugen selbst
> die Welt geschoben in sich selbst zertrümmerte,
> sie wieder bauen, einer Ewigkeit zur Lust!

Ein wacher starker Mensch kann eine Vergangenheit bewußtmachen, die „einer Ewigkeit zur Lust" existiert und die durch ihn dann schließlich viele sehen, bejahen und am Leben erhalten.

1. DER SINN DER VERGANGENHEIT

Das Rheinland

Um das Grab eines Gelehrten pflegen sich diejenigen zu versammeln, die aus der fachlichen Verbundenheit mit ihm den Rang seiner wissenschaftlichen Leistung zu würdigen wissen oder denen er als Schülern die Tore zur Welt der Erkenntnis aufgeschlossen hat. Nur selten noch geschieht es heute, daß sich zu dem Toten eine breite Schar aufmacht – vollends nicht Menschen aller Stände, Alter, Bekenntnisse und daß sie im Gedächtnis des Heimgegangenen tiefer erfahren, wie es um sie selber steht. Zu Paul Clemen war bei seinem Tode das ganze Rheinland unterwegs: Alte und Junge, die Regierung des Landes und die Spitzen der Kirchen, die Universität und die führenden Männer der Verwaltung, unzählige darüber hinaus ohne Namen und Amt. Sie waren erschüttert von der Tatsache, daß nun nicht mehr seine unermüdlichen Augen über uns wachten – über unsere Trümmer, unsere mühsam tätigen Hände, unsere oft verzagten Herzen: diese seltsam mächtigen, scharf zufassenden, weitschauenden Augen. Wir fühlten uns verwaist.

Sosehr Clemen der deutschen Wissenschaft und vor allem der Kunstforschung gehörte, die er als einer ihrer Kenntnisreichsten in Arbeiten einer vorbildlichen Akribie förderte, so gehörte er doch im besonderen Maße dem Rheinland. Am 31. Oktober 1866 in Leipzig geboren, kam er Sommer 1886 erstmalig an den Rhein, der ihm seitdem zum Schicksal wurde. Er wanderte den Strom hinauf und herab, unermüdlich notierend und zeichnend, hier und da auch sein schönes Maltalent in einer Landschaftsskizze, einem kultivierten Aquarell entfaltend. Den modernen Verkehrsmitteln zum Trotz ging er zu Fuß, um wie Antaios die Kräfte dieses Landes in sich aufzuspeichern und im ruhigen Schreiten genau und gelassen die Natur zu betrachten, instinktiv von der Einsicht geleitet, daß die Kunst nur im Zusammenhang des Lebens verständlich wird, als die Verdichtung der Landschaft, des Stammes, des Volkes.

Seitdem lagen alle wichtigen Stationen seines Lebens am Rhein. Der erst Vierundzwanzigjährige übernahm 1890 die Inventarisation der Rheinischen Kunstdenkmäler. Seit 1892 verwaltete er zwei Jahrzehnte lang das Amt eines rheinischen Provinzialkonservators. Ein Jahr später habilitierte er sich als Privatdozent des noch jungen und ungesicherten Faches der Kunstgeschichte in Bonn. 1899 übertrug ihm die Kunstakademie in Düsseldorf eine Professur für Kunst- und Literaturgeschichte – wohlgemerkt: auch für Literaturgeschichte; Clemen war nicht nur ein hervorragender Fachmann auf seinem Sondergebiet, sondern vor allem ein gebildeter Mensch. 1902 kam er als Nachfolger Carl Justis nach Bonn, wo er bis zum Jahre 1936, ein ganzes Menschenalter, als Lehrer der Kunstgeschichte wirkte – den Studenten ein kraftvoller, wenn nötig, auch zornmütiger Erzieher zu strenger Arbeit, im Grunde ihnen mit warmer Sorge zugetan, einer breiten Öffentlichkeit verbunden, wenn er in seinen rasch bekannt gewordenen Samstagsvorlesungen zu der gesamten Studentenschaft und darüber hinaus zu einem Kreis Bonner Bürger über die rheinische Kunst oder die großen Meister wie Dürer, Michelangelo, Rubens und Rembrandt sprach. Von Bonn strahlte seine Tätigkeit nach allen Richtungen aus. So machte er auf der Großen Düsseldorfer Ausstellung von 1902 die Bedeutung der mittelalterlichen religiösen Kunst in den Rheinlanden, auf der Düsseldorfer Ausstellung von 1904 den Reichtum der rheinischen Malerei aus dem 14. und 15. Jahrhundert bewußt, wobei die Krönung die Rheinische Jahrtausendausstellung von 1925 bildete, deren kunstgeschichtlichen Teil vor allem er und einige seiner Schüler betreuten.

Vom Rhein, aus dem damals musisch beschwingten Düsseldorf, holte er sich die Gattin, die er in einer Buchwidmung die „tapfere Helferin und treue Beraterin“ nannte. Der rheinischen Kunst galten seine gelehrten Untersuchungen, angefangen bei seiner Schrift „Der Karolingische Kaiserpalast zu Ingelheim“ (1890) über die großen Veröffentlichungen zur rheinischen Wandmalerei des romanischen und gotischen Stils bis zu dem Aufruf an die Rheinländer: „Rheinische Baudenkmäler und ihr Schicksal“, den er 1946 in dem halb zertrümmerten Neußer Münster sprach. Der rheinischen Kunst war seine Bonner Antrittsvorlesung von 1902 und seine Bonner Abschiedsvorlesung von 1936 gewidmet, und den fast Achtzigjährigen drängte es, allen Schwierigkeiten der Nachkriegszeit zum Trotz, aus seinem oberbayerischen Alterssitz herbeizueilen, um die Not der von Bomben getroffenen rheinischen Kunstwerke mit eigenen Augen zu sehen und die helfenden, heilenden Kräfte in entschiedener Planung zusammenzufassen. Als ihm 1942 der Joseph-von-Görres-Preis verliehen wurde, führte er in seinen Dankesworten einige Sätze Ernst Moritz Arndts über den Rhein an und zog darin zugleich die Summe seiner eigenen Existenz: „Von hier sind die zarten und geheimen Geister des deutschen Wesens in alle Lande geflossen, aus diesem verborgenen Feuermeer sind die Funken ausgesprüht, die bis zu den Ostgrenzen das lebendig erhielten, was deutsch genannt werden durfte.“[79]

Dem Rückblickenden stellt sich dieses dem Rheinland gewidmete Leben als eine Ordnung dar – nicht gestört von jähen Brüchen, nicht verfrüht vom Tode begrenzt oder in trüber Altersleere sich hinquälend; man vergißt darüber leicht die Mühe, die es kostete, und die Kämpfe, mit denen es den Gewalten unserer Zeit abgerungen wurde.

Die Gesetzmäßigkeit dieses Lebens wird vielleicht dann am klarsten sichtbar, wenn man nach jenen inneren Verhaltensweisen fragt, die Paul Clemen gemäß waren. Es sind drei Akte der Selbstentfaltung und der geistigen Verpflichtung: das Bewahren (S. 65f.), das Erkennen (S. 66ff.), das Sichbilden (S. 70f.), stets bezogen auf die Kunst, aber nicht auf sie beschränkt, da ihm im Umgang mit der Kunst zugleich das Werden des Menschen zur Frage stand: im Bewahren, Erkennen, Sichbilden. Darin kam er aus der Überlieferung des deutschen Humanismus, ein später Überlebender aus dem Umkreis goethescher Humanität.

Das *Bewahren.* Mit starker Hand griff der junge Forscher die Aufgabe an, die rheinischen Kunstdenkmäler in ihrem Bestand zu retten, sie vor Verschandelung zu schützen und sie stetig zu pflegen. Kein anderes Gebiet Deutschlands besitzt auf verhältnismäßig engem Raum so viele Meisterwerke; kaum ein anderes aber drängt auch so mächtig zur Entfaltung seiner wirtschaftlichen Möglichkeiten, so daß sich zwischen den Ansprüchen des Verkehrs und denen der Kunst Spannungen ergeben. Unermüdlich war Clemen dabei, zu raten und gerechte Ausgleiche zu schaffen. Rasch erwarb er, der Protestant, sich auch das Vertrauen der katholischen Kirche, die ja die meisten dieser Kunstwerke besitzt, und zwar nicht als Museumsstücke oder historische Erinnerungen, sondern als Gebrauchsgut im gegenwärtigen Kultus. Wenn Clemen aus „Wilhelm Meisters Wanderjahre“ mit Vorliebe Goethes Wort von der dreifachen Ehrfurcht zitierte – der Ehrfurcht vor dem, was über uns ist, was neben uns ist und was unter uns ist –, so spürten gerade bei seinem denkmalpflegerischen Wirken alle, die ihm begegneten, daß sein Ja und sein Nein in der Ehrfurcht gründeten.

Es war für ihn nicht leicht, stets den rechten Weg zu gehen; denn die Methoden der Denkmalpflege befanden sich noch völlig im Fluß. Vor neuen Aufgaben mußte er fast täglich neue Entscheidungen wagen. Er berichtete darüber in einem inhaltreichen Band „Die deutsche Kunst und die Denkmalpflege“ (1933). Seit 1923 trieb er als Vorsitzender auf den Tagungen der deutschen Denkmalpflege oft die Diskussion methodologisch vorwärts; seine beiläufigen stenographisch festgehaltenen Bemerkungen erscheinen noch heute bedeutungsvoll.

Clemen wußte, daß das Bewahren der Kunst nicht nur eine Angelegenheit der Ämter oder der Gelehrten bleiben darf. Dies bewunderte er an der französischen Denkmalpflege, über die er 1898 eine Abhandlung veröffentlichte, daß an ihr nicht nur die gelehrte Welt, sondern „auch die große Masse der Gebildeten, das Publikum der großen Revuen" Anteil genommen habe. Aus einem solchen Gedankengang heraus gründete er 1906 mit anderen Gleichstrebenden den Rheinischen Verein für Denkmalpflege und Heimatschutz.

Eine Voraussetzung gediegener Denkmalpflege ist die Erfassung der Denkmäler in einer genauen Beschreibung, besonders ihres Erhaltungszustandes und der Restaurierung. Clemen verschaffte sich und seinen Mitarbeitern die unerläßlichen Grundlagen durch die vielen Bände des Inventars der „Kunstdenkmäler der Rheinprovinz", deren Herausgabe er über 50 Jahre lang betreute und die er zum Teil selber schrieb, so am Anfang den Band über Bonn (1905) oder am Ende den aus europäischer Sicht gestalteten Band über den Dom zu Köln (1937). Dabei wuchs er an den Aufgaben, stetig wandelte er die Methoden und verfeinerte sie, bezog weitere Bereiche wie etwa die Vor- und Siedlungsgeschichte ein, wie er denn überhaupt, frei von Schematismus und Starrheit, die Gabe des neuen Anfangs hatte. Diese Bände waren im Rheinland verbreitet und trugen entscheidend dazu bei, bewußtzumachen, worin eigentlich das Rheinland wurzelt.

Mit dem Bewahren verband sich das *Erkennen*. In unerschöpflicher Produktivität veröffentlichte Clemen über 400 Arbeiten. Seine „Gesammelten Aufsätze" (1948) umschreiben den erstaunlichen Kreis seines Merkens und Wissens. Ein erster Abschnitt gilt der rheinischen Kunstgeschichte, schließend mit der 1926 gehaltenen hinreißenden Rede „Der Kölner Dom in Gefahr". Ein zweiter trägt die Überschrift: „Europäische Ausblicke" und enthält Arbeiten über unsere Beziehung zur italienischen Kunst, über Lancelot Blondeel, Tiepolo, das Stadthaus zu Stockholm im Verhältnis zu den ihm verwandten europäischen Monumentalbauten in alter und neuer Zeit. Der dritte Teil faßt seine verstreuten Gedanken zur Denkmalpflege zusammen, mit der schon genannten Untersuchung über die französischen Verhältnisse als Mittelstück. Der vierte heißt „Begegnungen“ – Begegnungen mit Erforschern der Kunst wie Anton Springer (1893), John Ruskin (1900), den er noch aufsuchen konnte, Alexander Schnütgen, dem er 1918 einen von Humor überglänzten Nachruf widmete, und Carl Justi, auf den er 1932 eine klug entschiedene Rede hielt; Begegnungen sodann mit Künstlern unserer Zeit wie Jules Dalou, Auguste Rodin, der ihm persönlich nahestand, Aristide Maillol, Ludwig von Hofmann; gerade diese Arbeiten gehören zu ihm: in Begegnungen zu leben war ihm ein Bedürfnis, und die ihm begegneten – Dichter wie Rilke, Rudolf Alexander Schröder und Ernst Bertram –, dankten ihm nicht zuletzt die Zurückhaltung und die Kunst des Schweigens, die er wie die Kunst der Rede meisterlich übte: aus Ehrfurcht.

Wie weit aber auch sein Erkenntnisdrang ausgriff, wie viele Länder Europas und Kleinasiens er durchforschte, so daß er über kaum ein Kunstwerk sprach, das er nicht mit eigenen Augen gesehen hatte, so gern er 1907 als Austauschprofessor an die Harvard-Universität nach Amerika ging, die Wurzeln seiner wissenschaftlichen Bemühungen lagen im Rheinland. Der rheinischen Kunst gelten seine beiden grundlegenden Werke über die romanischen und gotischen Wandmalereien der Rheinlande (1905, 1916, 1925), Bücher, denen kein anderer Teil Deutschlands und kein anderes europäisches Land, auch nicht führende Kunstnationen wie Frankreich und Italien, im gleichen Forschungsbereich und zu gleicher Zeit etwas Gleichwertiges an die Seite zu stellen hatten – in der wissenschaftlichen Behandlung des riesigen Stoffes und der technischen Durchführung vor allem der schwierigen farbigen Abbildungen gleich vorbildlich. Clemen wäre wie kein zweiter dazu berufen gewesen, die ausstehende Geschichte der rheinischen Kunst zu schreiben; 1925 bot er in dem von Aloys Schulte herausgegebenen Sammelband „Tausend Jahre deutsche Geschichte und Kultur am Rhein“ einen verheißungsvollen Entwurf dazu; aber seine ungeheuren Vorarbeiten – Notizen, Ausschnitte, Zeichnungen –, Früchte eines ganzen Forscherlebens, verbrannten bei einem Fliegerangriff am 18. Oktober 1944 in seinem Bonner Haus; das konnte der fast Achtundsiebzigjährige nicht mehr aufholen. So stand sein Leben im Schatten jenes tragischen Ereignisses, das Jacob Burckhardt vorausgesehen hatte, als er am 19. November

1881 an Max Alioth schrieb: „Mich überkommt bisweilen ein Grauen, die Zustände Europas möchten einst über Nacht in eine Art Schnellfäule überschlagen, mit plötzlicher Todesschwäche der jetzigen scheinbar erhaltenden Kräfte."

Frankreich / Belgien

Aus der Verwurzelung im Rheinland, dem er treu blieb, als sich 1912 die Universitäten Berlin und München um ihn bemühten, erwuchsen ihm die Kräfte zu einer überrheinischen und überdeutschen Wirksamkeit. Die rheinischen Erfahrungen befähigten ihn, im Ersten Weltkrieg auf den verschiedenen Kriegsschauplätzen den Kunstschutz zu organisieren, nicht zuletzt auf Grund der Tatsache, daß die rheinische Kunst mit der gesamteuropäischen mannigfaltig verbunden ist und so eine wissende Liebe zur Kunst Frankreichs, Englands und Italiens, ja zum Byzantinischen Reich zu erwecken vermag. Verschiedene Veröffentlichungen über den Kunstschutz im Kriege, vor allem in Belgien (1915 und 1922), trugen, zusammen mit den überragenden Leistungen der Errettung wertvollsten Kunstgutes, Clemen auch den Dank des Auslandes ein, und im Zweiten Weltkrieg konnten seine Nachfolger auf dem von ihm gelegten Fundament erfolgreich weiterwirken.

2. DIE ERKENNTNIS DER VERGANGENHEIT

Wissenschaft

Mit einem ausgesprochenen Wirklichkeitssinn begabt, wußte Clemen, daß dem geistigen Streben die widerspenstigen Realfaktoren erst gefügig gemacht werden müssen. Dieses Fundament gab er der Kunstforschung durch die Einrichtung des in ganz Deutschland und wohl in Europa einzigartigen Kunsthistorischen Institutes der Universität Bonn. Was er bei seiner Berufung 1902 vorfand, waren etwa 100 Bände in der Bibliothek. Bei seinem Tode zählte das Institut etwa 50000 Bände, enthielt alle wichtigen Kunst-Zeitschriften des In- und Auslandes, verfügte über etwa 200000 Fotos und rund 40000 Lichtbilder. All das kam zur trostreichen Freude seines

Schöpfers heil durch die furchtbaren Verwüstungen der Universität hindurch.

Der Weg zu dieser fast unglaublich völligen Verwirklichung einer Idee begann damit, daß Clemen selber durch eine Spende aus eigenen Mitteln den Grund legte. Seit 1912 kam ihm die Vereinigung von Freunden des Bonner Kunsthistorischen Instituts zu Hilfe – ein kleiner Kreis von Männern und Frauen des praktischen Lebens, die seine Begeisterungskraft und seine Kunst der Menschenbehandlung zu einer harmonischen Akademie der Kunstverpflichteten zusammenschloß; um seinetwillen gaben sie gern und zur rechten Zeit rund eine halbe Million Mark. Dem stand für den gleichen Zeitraum etwa ein Zehntel der Summe an staatlichen Zuschüssen gegenüber.

Immer war das Bonner Institut Clemens eine Heimstätte der Jugend: Schnittpunkt verschiedenartigster Wege des Geistes, aber (wie könnte es anders sein, da es im Rheinland liegt!) auch Kreis heiterer Geselligkeit, wobei es sich der hohe Geheime Rat gern gefallen ließ, daß die Scherze seine Person manchmal wie ein Feuerwerk umsprühten.

Im Wechsel von Nüchternheit und Begeisterung hielt er seine Studenten zu peinlich genauer Einzelforschung an, mahnte sie, die Werke selber zu sehen und immer wieder anzusehen („Augensinnlichkeit" forderte er vom Kunsthistoriker, es war eines seiner Lieblingsworte), durchdrang sie bei allem – dies war ihm der Weisheit letzter Schluß – mit der Überzeugung, daß – nach Stifters Worten zum Kefermarkter Altar – die Kunst das größte irdische Heiligtum eines Volkes sei. Er war weise genug, jeden in seiner Art gelten zu lassen und nicht alle nach seinem Ebenbild formen zu wollen. So fanden bei ihm die verschiedensten Talente ihren Ort, ja fühlten sich – die entscheidende Beglückung für einen jungen Menschen – unter seiner stillen und sicheren Führerschaft gelöst, in sich selbst bestätigt.

Dieses Geltenlassen des Anderen, sogar des Gegensätzlichen verband sich bei ihm mit einer ausgeprägten wissenschaftlichen Eigenart. Er gehörte der Generation der großen Herausgeber an, die gewaltige Materialien neu der Öffentlichkeit unterbreiteten. Er strebte weniger danach, wie Dehio die Gesamtgeschichte eines Kunstkreises zu entwickeln oder wie Wölfflin einen eng begrenzten Stoff durch neue Kategorien der Anschauung aufzuhellen. Seine Methode war mehr die des Historikers, der die Urkunden sammelt, die realhistorischen Bezüge zwischen den Fakten aufspürt und so zu ihrer räumlichen und zeitlichen Einordnung gelangt. Aber plötzlich warf er dann die Fesseln der mühsamen Kleinarbeit von sich, betroffen vom Glanz des Kunstwerkes. Dann war er einfach Mensch und Bekenner seines Enthusiasmus.

Öffentlichkeit

Das Bewahren und Erkennen hatte für ihn einen letzten Sinn im *Sichbilden.* Was nützte es, mit der Kunst vielfältig umzugehen, wenn die eigene Seele öde und barbarisch blieb! Als die Universität zu ihrer Hundertjahrfeier als Geschenk der Rheinprovinz eine von Düsseldorfer Künstlern geschaffene plastische Gruppe empfangen sollte, wehrte er ab, man möchte die ausgeworfene Summe lieber zur Einrichtung einer Präsenzbibliothek verwenden, die an alle Fakultäten sich wende und in Überwindung des fachlichen Spezialistentums den Studenten mit den großen dauernden Fragen des Menschseins und mit den aktuellen Problemen der Gegenwart vertraut mache. So entstand die Studentenbücherei, eine einzigartige Einrichtung gerade der Bonner Hochschule, eine sorgfältige, ursprünglich auf 14000 Bände beschränkte und also übersehbare Auswahl von Büchern aller Wissensgebiete. Sie war ein echtes Werk der Goethegeneration, da sie den Studierenden nicht ein Alleswissen, sondern eine fruchtbare Auslese prägenden Wissens vermitteln wollte. Dabei schloß sie immer unsere eigene Zeit mit ein, weil es ihr in erster Linie darauf ankam, die Stimmen der Gegenwart zu den wesenhaften Anliegen des Menschen vernehmlich zu machen.

Fragt man, was an Clemen, rein äußerlich, das Hervorstechende gewesen sei, dann möchte man antworten: das Auge und das Gedächtnis. Wieviel bemerkte dieses Auge, wie viele Formen behielt es und konnte sie in jedem Augenblick reproduzieren! Und wie erstaunlich war dieses Gedächtnis: voll von Versen der Dichter, von der Weisheit der Denker, Gespräche getreulich aufzeichnend und Gelesenes kaum je wieder vergessend! Das Auge und das Gedächtnis – das heißt, daß er die Gabe besaß, viel zu bemerken und viel zu behalten. Auch dies war ihm ein Ausfluß seiner dankbaren Ehrfurcht.

Der Sinn des Wissens erfüllte sich ihm in der Bildung, und so drängte es ihn, immer wieder den eingegrenzten Bereich der Universität zu verlassen und zu vielen zu sprechen. Er schrieb einen Rheinführer für die Köln–Düsseldorfer Dampfer und die kunstgeschichtliche Einleitung für den Rheinland-Baedeker.

Er führte keine größere Exkursion seines Institutes durch, ohne an einem Abend für die einladende Stadt einen Vortrag über die rheinische Kunst zu halten. Bei wichtigen Gelegenheiten packte er seine Hörer als Redner in weitgefügten Perioden mit seiner hellen raumbeherrschenden Stimme, frei aus dem Gedächtnis sprechend.

Er war selber ein Stück Künstler in der Malerei, die seine Mußestunden füllte, ein Stück Dichter, der um die Möglichkeiten der Sprache wußte.

Das blieb bei ihm schließlich das letzte: das Sichbilden; als er das Bewahren der Kunst in andere Hände legte, als er, von niemandem gedrängt, freiwillig 1936 sein Lehramt beendete, ging es ihm um das eigene innere Wachstum, und über seine späten Jahre schrieb er als Leitspruch das griechische Wort, daß er immerdar lernend altere[80].

3. DER MENSCH

An der Universität

In Bonn vertrat Paul Clemen die Kunstgeschichte, sein viel unauffälligerer Bruder Carl (1865–1940) die Vergleichende Religionsgeschichte. Der eine hatte mit Lichtbildern, der andere mit dem Höchsten Wesen zu tun. In Bonn unterschied man sie nicht nach ihren Vornamen, sondern nach ihrer Tätigkeit und nannte den einen den „Kino-Clemen“, den anderen den „Gottes-Clemen“.

Der Kino-Clemen, der, evangelisch, vom Namenstag eigentlich keine Notiz nehmen durfte, feierte diesen Tag seines Patrons Paulus am 29. Juni mit viel Vergnügen. Er mochte an den Rheinländern die Neigung zu Festen, gleichgültig, ob sie aus der Kirche, dem Sommer oder dem Karneval kamen.

Die Inventarisation der rheinischen Kunstdenkmäler führte Clemen auf einem Fahrrad durch und war damit jede

Woche von Montag bis Mittwoch beschäftigt. Von Donnerstag bis Samstag hielt er Vorlesungen und Seminar in der Universität. Er sah ein wenig erhaben aus, und das Fahrrad bildete einen Gegensatz zu seiner äußeren Erscheinung.

Am Samstag hatte er vor seinem Öffentlichen Kolleg um 12 Uhr regelmäßig Lampenfieber. In Eile stellte er die Lichtbilder zusammen. Seine Assistentin brachte ihm die Diakästen. Sie war Kölnerin und als solche nicht umzuwerfen (vgl. S. 116). In der Erregung sächselte er, wie wir alle dann der Mundart verfallen, und rief knapp befehlend: „Garten". Die Assistentin brachte ihm den Kasten „Gartenarchitektur". Da schmetterte er sie zornig ab: „Wenn ich ‚Garten' sage, meine ich geographische ‚Garten' und keine ‚Gartenarchitektur'."

Über die Türen des Institutes und vor allem der Bibliothek ließ er lateinische Sprüche aufmalen, auch solche aus dem Mittelalter. Sie sollten der Erziehung der Studenten dienen und Schlamperei unmöglich machen. Er setzte voraus, daß wir sie verstünden, und nach einiger Mühe gelang uns das auch.

Er hatte Sinn für originelle Leute. So mochte er den Kölner Domkapitular Alexander Schnütgen (1843–1918), den Gründer des Kölner Schnütgenmuseums. Clemen berichtete über ihn[81]: „daß ein zudringlicher Bittsteller, der den Hausherrn abwesend glaubte, die Haushälterin in der offenen Tür immer unverschämter belästigte. Plötzlich stürmte die dunkle Treppe hinunter eine ungeheure schwarze Masse. Zusammensinkend zum katholischen Gruß stammelte der Freche: ‚Gelobt sei Jesus Christus', und erntete in demselben Augenblick mit der dröhnenden Entgegnung: ‚In Ewigkeit, Amen' eine furchtbare Ohrfeige, die ihn aus der Tür warf." Clemen fährt fort: „Er war vielleicht der volkstümlichste Mann in Köln, dieser wahrhafte Demokrat. Jedermann kannte ihn, und wenn er mit raschen Schritten, trotz der Kolossalität der äußeren Erscheinung, in den Dom wanderte, in seinem nicht immer ganz neuen schwarzen Rock (auch in den Röcken war er konservativ), galten ihm ehrfürchtige Grüße. Ihm beim Essen zuzusehen schuf staunende Freude; mit ihm zu trinken war genußreich, aber gefährlich. Auch hier war er ein Held, der keine Furcht kannte." Inoffiziell erzählte Clemen, wie Schnütgen einem Bauer ein romanisches Kruzifix abgeschwätzt habe, das irgendwo auf dem Dach lagerte. Statt dessen werde er ihm für dieses verkommene Stück ein funkelnagelneues Kreuz zusenden. So geschah es auch, und der Bauer wußte nicht, was ihm geschah. Aber irgendwann kam er dahinter. Er suchte Schnütgen in seiner Wohnung auf, um ihn von oben bis unten auszuschimpfen. Aber inzwischen hatte Schnütgen die Wohnung gewechselt, und sein Nachfolger war, gegensätzlich zu seiner vollen Leiblichkeit, ein dürrer Geistlicher. Als die Tür sich öffnete und in ihr der hagere Prälat stand, bekreuzigte sich der Bauer und sagte erschüttert: „Hier hat Gott gerichtet." Und Clemen erzählte weiter, wie Schnütgen gestorben sei. Man habe dem mit dem Tode Ringenden ein Kreuz in die Hand gedrückt und Schnütgen habe mit verlöschender Stimme gesagt: „Schlechtes 14. Jahrhundert".

Clemen war souverän in seinem hochschulpolitischen Verhalten. Er war selber ein ausgezeichneter Kenner der Fakten, aber liebte keineswegs die Positivisten, die in Grenzen viel wissen, vielleicht viele Museumskataloge im Kopf haben oder in einigen Büchern einige Tatbestände anmerkungshaft klären. Er wollte Talente, Neuerer. So sorgte er dafür, daß Wilhelm Worringer (1881–1965), der verloren an der Berner Universität hauste, nach Bonn kam. Er sicherte ihm den damals höchst bezahlten Lehrauftrag der Universität zu, monatlich 500 Mark. Worringer hatte zwei für den deutschen Expressionismus grundlegende Bücher geschrieben, „Abstraktion und Einfühlung" 1908 und „Formprobleme der Gotik" 1911. In einer Ausstellung deutscher expressionistischer Malerei sah ich beide Bücher in einer Vitrine feierlich dargeboten, als wenn es sich um kostbare Handschriften handle. Natürlich war Worringer der Gilde der Kunsthistoriker problematisch: er erschien als homo literatus, also unsolide; er hatte ja kein einziges bis dahin unbekanntes Stück einer tief vergangenen Kunst ediert. Clemen jedoch wollte ihn: weil er zwischen Kunstgeschichte und Kunsttheorie eine Brücke schlug.

Wie Worringer schätzte er auch den Außenseiter der romanischen Philologie Ernst Robert Curtius (1886–1956), gegen das Urteil mancher banausischer Philologisten. Curtius wagte es, 1919 und 1925 zwei Bücher „Die literarischen Wegbereiter Frankreichs" zu veröffentlichen mit Essays über André Gide, Romain Rolland, Paul Claudel, Charles Péguy, Marcel Proust, Paul Valéry.

Als junger Phänomenologe war ich in Gefahr, allein dem „Wesenswissen“ zuzusteuern und den „Tatsachenschutt“ beiseite zu lassen. In dieser Situation wurde mir Clemen ein gründlicher Erzieher zur Faktenkenntnis. Bald ging mir auf, daß dieser gebildete und musische Mann keineswegs den Positivismus zum Idol gemacht hatte. Sein Weitblick bewährte sich auch darin, daß er sich mit der Kunst des 20. Jahrhunderts befaßte – damals eine Ausnahme an den deutschen Universitäten. Von diesem überlegenen Mann leise gelenkt, sagte ich mir eines Tages: „Es muß was dran sein an dem Faktenwissen.“ So begann ich, die Formen von Bauten auswendigzulernen, und tat es sogar mit Vergnügen. Kurz vor dem Doktorexamen fragte mich eine temperamentvolle junge Dame jeden Morgen beim Frühstück die Grund- und Aufrisse französischer Bauten des romanischen Stiles ab und herrschte mich eines Tages an: „Können Sie denn noch immer nicht den Aufriß von Nevers?“ Die Reizende gehört übrigens zu den Freundinnen, die ich nicht erreichte. Clemen nahm mich auch rhetorisch in Zucht. Er sagte mir z. B., ich sollte Griechisch nicht auswendig zitieren, auch wenn ich die betreffende Stelle auswendig könnte; ich sollte – etwas umständlich – in mein Manuskript blicken, damit der Zuhörer sicher sei, daß ich richtig zitierte. Auch riet er mir, manchmal mit dem Wort zu „ringen“, bis alle merkten, wie ich „ränge“; damit verwies er auf Wölfflin, der stockend und immer wieder neu ansetzend über ein Meeresbild von Böcklin gesagt habe: „Das Wasser ist – das Wasser ist – – – ist – – – blau.“ Da habe man wirklich die Bläue gesehen. Ich führte dann meinen Kommilitonen insgeheim einmal mein Ringen mit dem Wort akustisch vor; sie gingen in die Knie vor Lachen. So konnte ich diesen Rat von Clemen nicht befolgen. Als ich mir die Grundrisse, die Schulen der Buchmalerei und die Faltenzüge so lange eingeprägt hatte, bis mir die Fakten geradezu verbitternd durchsichtig wurden, begann ich Clemen zu schätzen und erkannte, daß es ohne Leute wie Clemen gar nicht geht. So billigten wir uns allmählich gegenseitig einen Achtungserfolg zu. Beim Doktorexamen prüfte er mich im Nebenfach zur Vorsicht statt Dreiviertelstunden einundeinehalbe Stunde. Am Tage danach, als er erfahren hatte, daß das Examen auch in den übrigen Fächern geglückt war, sagte er zu mir: „Mein Freund“. Dies ist der schönste Vorgang meines wissenschaftlichen Lebens gewesen. Aber Clemen konnte auch hart zuschlagen; als einmal ein Doktorand seine innere Problematik schauspielerisch vor ihm auspackte, sagte er zornig: „Sie falscher Hamlet, Sie!“ Clemen kam mir zu Hilfe bei meiner Habilitation 1930. Der erste Gutachter, dem ich als Scheler-Schüler philosophisch nicht lag, ließ meine Arbeit acht Wochen lang ungelesen liegen und äußerte dann den Wunsch, daß Clemen in der Beurteilung vorangehen möchte. Trotz starker Überlastung schrieb er in Kürze ein gründliches Referat von fünf Seiten. Er nannte meine Untersuchung[82] ungewöhnlich, scharfsinnig, voll treffender Beobachtungen, in einer persönlichen Sprache geschrieben, von Autopsie getragen, grenzte sich aber ab von meinem „verstandesmäßigen Erfassen des künstlerisch Schöpferischen“ und trat demgegenüber für eine Kunstbetrachtung aus der Intuition, der Metaphysik und der Mythologie ein (bei dem letzteren Terminus dachte er wohl an Ernst Bertram, mit dem er befreundet war, an dessen Buch: „Nietzsche. Versuch einer Mythologie“, Berlin 1921). Rundherum erstaunlich bei einem „Positivisten“. Ich zitierte so ausführlich nicht meinet-, sondern seinetwegen: sein Bericht über den jungen Gelehrten zeigt ihn in seiner ganzen inneren Unabhängigkeit. Er stellte mich der Fakultät in vielen Bezügen vor: Selbstzucht, vielseitige Bildung, Kenntnis Europas von der Kunst her; „er hat eine große Fähigkeit des eindringlichen, sehr sachlichen, freien Sprechens entwickelt“ (er, der ausgezeichnete Redner, wußte also auch die werdende Konkurrenz anzuerkennen). Wilhelm Worringer habe in Bonn Kunstgeschichte auf eine eigene Weise vertreten, mit genialer Intuition, aber eigentlich ohne philosophische Grundlage. Nun habe er einen Ruf an eine andere Universität angenommen, und diese Art der Betrachtung fehle. Auch aus diesem Grunde wünsche er meine Lehrtätigkeit in Bonn.

Das Dritte Reich und danach

Auch den Nazis gegenüber stand er für mich gerade, so am 29. Januar 1935, als sie mir die Lehrvergütung strichen: „Herr Lützeler hat durch ein wahrhaft demosthenisches Training sich zu einem ungewöhnlichen Redner entwickelt... Wenn man die literarischen Arbeiten des jungen Mannes zusammenzählt, so kommen vier bedeutende Bücher und dazu eine Fülle von gedankenreichen Aufsätzen, Übersichten, Kritiken heraus – das Werk eines unablässigen Fleißes. Unsere Studenten bemerken dankbar, wieviel sie bei ihm lernen. In weiten Kreisen genießt Herr Lützeler dazu eine besondere Schätzung und eine wachsende Verehrung. Seit Wilhelm Worringer in Bonn verschwunden ist, ist die Lehrtätigkeit von Lützeler mit seiner allgemeinen geisteswissenschaftlichen Einstellung gerade für das Grenzgebiet von Kunstgeschichte, Philosophie, Literaturgeschichte und Theologie als sehr wertvoll und fruchtbar empfunden worden." Es nützte nichts. Noch einmal war er da, als mir aus politischen Gründen die Venia legendi entzogen wurde. Am 28. März 1940 schrieb er an seinen Nachfolger in Bonn, es gebe jenseits der engen Grenze der Kunsthistorie „ein Gebiet zwischen Philosophie, allgemeiner Geistesgeschichte und Kunstwissenschaft, das für die Bildung und Erziehung weitester Kreise von einem hohen wissensmäßigen und sittlichen Wert ist – und gerade um dieses hat sich der jetzt von unserer Hochschule Entfernte mit Hingebung und mit einem hohen Ethos bemüht. Nicht wenige Kreise unserer akademischen Jugend sind durch ihn für eine höhere geistige Welt neben ihrem Fachstudium gewonnen worden." Sein Nachfolger leitete dieses Schreiben am 1. April 1940 an den Dekan weiter mit der Bemerkung: „Ich habe es seit Jahren für notwendig gehalten, daß Herrn Dr. Lützeler infolge seiner politischen Haltung die Venia legendi entzogen wird." Dabei blieb es.

Voll Abscheu gegen die Nazis schrieb er sich an die Tür seines Arbeitszimmers das Gedicht „Mahnung" von Joseph von Eichendorff (1788–1857) und sagte es oft auch solchen auf, die es nicht gerne hörten:

Genug gemeistert nun die Weltgeschichte!
Die Sterne, die durch alle Zeiten tagen,
Ihr wolltet sie mit frecher Hand zerschlagen
Und jeder leuchten mit dem eignen Lichte.

Doch unaufhaltsam rucken die Gewichte,
Von selbst die Glocken von den Türmen schlagen,
Der alte Zeiger, ohne euch zu fragen,
Weist flammend auf die Stunde der Gerichte.

Allen damals Verfemten hielt er makellose Treue.

Die deutschen Truppen verirrten sich auf der Flucht 1945 auch nach Endorf, wo Clemen seinen Ruhesitz hatte. Er lief den SS-Leuten entgegen und sagte leichtsinnig: „Gerade erfahre ich durch einen ausländischen Sender von der bedingungslosen Kapitulation der deutschen Wehrmacht (das geschah am 7.–9. Mai 1945), der Krieg ist zu Ende. Machen Sie Schluß mit der Schießerei!" Nebenbei bemerkt: ausländische Sender zu hören war streng verboten. Der SS-Mann sah ihn kalt an und erwiderte: „Wenn Sie nicht so alt wären, Sie Narr, würde ich Sie niederknallen."

Als dann das Gericht über uns hereinbrach, beugte es ihn nicht, weil er es vorausgesehen hatte. Er dachte nur noch an die Zukunft. Das Kunsthistorische Institut fand im furchtbar zerstörten Hauptgebäude der Universität eine provisorische Bleibe. Der fast achtzigjährige Clemen kam herbei – mit Hilfe illegitimer Benzingutscheine für das Auto, das ihn fuhr, und seine fröhlich ihm verbundenen Diaschieber, Gutsleute, Verleger brachten ihm viele gute Gaben („schwarz", wie man damals sagte) für seinen Aufenthalt in Bonn. Da das Treppenhaus der Universität noch lebensgefährlich im Unstand war, hievten wir am 22. Juni 1946 Clemen auf einem Lastenaufzug der Bauleitung zum zweiten Stock hoch. Er hielt sich an einer Kette fest, an der der Aufzug hing. Der alte weise Mann, dessen großer Blick das Entsetzen über eine ganze Trümmerwelt in sich trug, freute sich, zu sehen, „daß ein Wiederaufbau und Wiederanfang möglich" sei. Am 25. Juni 1946 sprach er im Neußer Münster (vgl. S. 64). Seine Hörer kamen aus dem ganzen Rheinland. Noch einmal zeigte sich Clemens Leistung für das Bewahren und Retten. Er vertuschte nichts. Allein im Stadtkreis Köln waren von 92 Kirchen 66 nicht mehr benutzbar, fast 72%. Nur 26 überstanden den Krieg so weit, daß Gottesdienst in ihnen gehalten werden konnte. 34 romanische und gotische Kirchen lagen in Trümmern. Man schätzte damals den Bauschutt von Köln auf 13470000 cbm. „Das ergäbe einen Rechteckkörper von der Grundfläche des Neumarktes, aber in der Höhe von 500 Meter." Trotz dieser Ungeheuerlichkeiten riet er, mit der Wiederherstellung anzufangen: „Nicht ruhen, unermüdlich tätig sein, ein Vorbild geben – wie es die Neußer hier in St. Quirin gegeben haben."

In der Stille von Endorf, mit dem Blick auf den Simssee,

wurde er, der als Siebzigjähriger ein Buch „Lob der Stille“[83] veröffentlichte, immer reiner er selbst – frei auch von leisesten Schatten der Selbstbetonung oder einer virtuosischen Könnerschaft. Bis in seine letzten Tage hinein war er tätig; nur kurze Zeit dauerte seine Krankheit, und so blieb ihm die Nacht erspart, wo niemand mehr wirken kann. Fast unmerklich, ohne die Zeichen der Todesnot, schlummerte er hinüber. „Er hat einen guten Kampf gekämpft“, diesen Spruch legte Rudolf Alexander Schröder (1878–1962), Lyriker und Essayist, aus protestantischer Gläubigkeit seinen Worten am Grabe zugrunde. Wenn wir erwähnen, daß Rudolf Alexander Schröder Freund von Hugo von Hofmannsthal und Rudolf Borchardt war, wird uns noch einmal deutlich, aus welcher inneren Weite das Bewahren und Erretten bei Clemen kam. In seinem bewegten Leben wußte er schließlich das Gleichnishafte zu erfahren, so wie es Goethe kurz vor seinem Tode, April 1831, in seinem Türmer-Gedicht aussagte. Diese Verse sprach Clemen bei seinem Abschied von Bonn. Er liebte sie sehr, und sie schienen ihm die Summe seiner Existenz zu enthalten:

Zum Sehen geboren,
Zum Schauen bestellt,
Dem Turme geschworen,
Gefällt mir die Welt.
Ich blick' in die Ferne,
Ich seh' in der Näh'
Den Mond und die Sterne,
Den Wald und das Reh.

So seh' ich in allen
Die ewige Zier,
Und wie mir's gefallen,
Gefall' ich auch mir.
Ihr glücklichen Augen,
Was je ihr gesehn,
Es sei, wie es wolle,
Es war doch so schön!

Der Zeitungsverleger Anton Herbelsheimer aus Euskirchen bei Bonn, der nach dem Zweiten Weltkrieg für den Aufbau des Kunsthistorischen Institutes sehr viel tat, veröffentlichte zum 80. Geburtstag von Clemen ein „Gedenkblatt“ mit der bezeichnenden Widmung „Träger und Bewahrer rheinischer Kultur“.

Die rheinische Kultur kam zu ihm auch als lebendiger Mensch, in der Gestalt seiner Frau Lily, die aus Düsseldorf stammte, Enkelin und Schwester bildender Künstler war und, durch und durch rheinischen Herzens, mit leis ironischem Humor Menschen und Dinge betrachtete. Der Bonner Philosophieprofessor Theodor Litt (1880–1962), ebenfalls aus Düsseldorf, begegnete der eben Erblühten regelmäßig auf seinem Weg ins Gymnasium und schwärmte noch als Siebzigjähriger von ihrer Schönheit. Clemen heiratete spät die jugendliche Lily und vergaß einmal, daß er verheiratet war, als er, ermüdet von der Denkmalpflege, sich im gewohnten Restaurant niederließ und zu Mittag aß. Plötzlich durchfuhr es ihn, daß er ein Zuhause hatte und erwartet wurde; ohne zu bezahlen, schoß er davon.

Lily war zunächst in der Kunstgeschichte nicht sattelfest. Wenn dann ihr Mann inventarisierend unterwegs war, hockte sie sich auf den Boden, breitete Bände mit vielen Abbildungen um sich herum aus und prägte sich so schwierige Namen wie Jacopo della Quercia (1367–1428) oder Primaticcio (1504/05 bis 1570) ein.

Unter den Damen des Lehrkörpers wurde sie die jüngste Geheimrätin. Da man bei Geselligkeiten die Eingeladenen streng nach Rangordnung setze, geriet sie innerhalb einer Woche beim Abendessen dreimal an die Seite des Klassischen Philologen Geheimrat Friedrich Marx, der sich so sehr die olympische Sehweise angewöhnt hatte, daß er mit der reizenden Frau nichts anzufangen wußte. Bei diesen Abendessen gab es immer dieselben „Lohndiener“, den gleichen Rehbraten und eine konstante Langeweile (ein Zeitbild: Bonn im Akademischen Altertum!). Nachdem Lily sich schon zweimal durch die Konversation durchgequält hatte, entschied sie sich zu Beginn des dritten Mahles schlicht: „Herr Geheimrat, wir haben uns ja doch nichts zu sagen; ich schlage vor, wir schweigen einfach nebeneinander." Das machte den Geheimrat hellwach, und seitdem fand er die jüngste Geheimrätin recht beachtlich.

Ein Sohn und zwei Töchter wuchsen heran. Die Töchter erbten von der Mutter den Sinn für das Burleske. Sie machten sich einen Spaß daraus, gelegentlich ihrem tief in sich versunkenen Vater, wenn er vom Institut nach Hause ging, entgegenzulaufen. Sie begrüßten ihn ehrerbietig mit einem Knicks; er erkannte sie nicht vor lauter Konzentration, aber zog höflich den Hut vor den offenbar wohlerzogenen Schülerinnen.

Als die Universität nach dem Ersten Weltkrieg etwas gelockerter geworden war, beschloß Lily als rheinisches Mädchen, nicht länger am Karneval vorbeizugehen. Als junger Doktor traf ich sie beim Fest der ausländischen Studenten im Königshof. Albert Schulze Vellinghausen[84] begleitete sie dorthin. Dieser Décadent hatte im Dritten Reich den bodenverbundenen Titel „Schulze" auf abenteuerliche Weise geerbt. Nun saß er da im Russenkittel und hatte sich Lider und Wangen violett geschminkt. Bei einem so interessantenMakeup erahnte man in dem gewählt-geprägten Herrn bereits den künftigen Meister „evokatorischer" Vernissagen. Ich fragte Frau Lily, wo sie denn den Geheimrat gelassen habe. „Zu Hause", antwortete sie, „weißt du, der kann Karneval nicht richtig. Wir hatten einmal zu Hause Karneval veranstaltet. Da zog er sich auf sein Zimmer zurück. Aber um Mitternacht erschien er mit glasigem Blick und schritt völlig abwesend durch unser Getümmel, als ob wir Gespenster seien. Er hatte nämlich die ganze Zeit über Dostojewski gelesen."

Als sie und der Geheimrat 1946 in Bonn ankamen (vgl. S. 77), sah Clemen gar nicht frisch aus, sondern wirkte eher apathisch. Frau Lily beruhigte mich: „Lassen Sie ihn ausschlafen!" So geschah es, und am nächsten Morgen warf der fast Achtzigjährige eine geballte Ladung Initiative uns entgegen (ich bediene mich in der Diktion an dieser Stelle eines Nachkriegsstiles). In einer stillen Stunde erklärte mir die Geheimrätin des Geheimrats Wandlung. Auf dem Weg nach Bonn hätten sie bei einem alten Freund aus dem Rheingau angehalten. Der habe die besten, aus dem Krieg und vor der Besatzung geretteten Flaschen aus dem Keller geholt und in der Begeisterung heilen Wiedersehens immer wieder auf den „Nestor der deutschen Kunstgeschichte" angestoßen.

Damals riß die Kette derjenigen Besucher nicht ab, die sich zu tief mit dem Dritten Reich eingelassen hatten und nun beim Geheimrat Hilfe suchten, der sie früher als ganz vernünftige Menschen gekannt hatte. Frau Lily vermerkte dann vor der geschlossenen Tür des geheimrätlichen Zimmers: „Ich glaube, es ist wieder so'n Fall bei ihm." Nach einer kleinen Pause fügte sie mit leichtem Kopfschütteln hinzu: „Lauter Fälle im heutigen Deutschland".

Sie kam dann noch einmal nach Bonn und traf im Kunsthistorischen Institut Frau Haniel, die zusammen mit ihrem verstorbenen Gatten, dem Großindustriellen, sehr viel für die Bibliothek des Kunsthistorischen Institutes getan hatte. Frau Haniel hatte trotz ihres Alters etwas Verwegenes, nicht nur wenn sie ihren schnittigen Wagen schneidig fuhr, sondern auch wenn sie gelegentlich an den Pyramiden herumkletterte (was damals wesentlich schwieriger war als im heutigen Tourismus-Zeitalter). Kurz vor dem Beginn meiner Asienreise 1960 schlug ich ihr vor, zwei Monate mit mir zusammen durch Indien zu fahren. Aber da hielt sie doch ihre Häuslichkeit fest. Dieser ihrer Häuslichkeit strebte sie in Richtung Niederrhein entgegen, als sie sich abends – nach dem Zusammentreffen im Kunsthistorischen Institut – von ihrer Freundin Lily verabschiedete. Sie ließ schon das Auto anlaufen, da sagte Lily: „Ich wäre in umgekehrter Richtung gefahren." „Da wärst du im Siebengebirge angekommen", sagte Frau Edith. Versonnen murmelte Frau Lily: „Dann hätte ich mich gewundert, wie bergig inzwischen die Ebene geworden ist. Ja, mit meinem Raumsinn steht es nicht zum besten."

Frau Lily liebte die Dichter und schnitzte aus Wurzelwerk phantastische „Wurzelwesen". Sie wußte sich trotz einer Last an schwerem Leben das Spiel der Heiterkeit zu bewahren.

Ein Genie

Max Scheler (1874–1928)

Max Scheler starb mit 53 Jahren – nicht als ein Vollendeter, sondern auf dem Weg zu neuer umfassender Erkenntnis. Ich hörte kurz vorher in mehreren Semestern seine Vorlesung über die Triebe als Grundlage der Anthropologie: Macht-, Selbsterhaltungs- und Geschlechtstrieb. Allen Teilnehmern an diesen Kollegs war es gewiß, einen Anfang menschlicher Orientierung zu erleben; es fiel Licht auf eine ganze bis dahin beinah verschlossen gebliebene Welt.

Die Nationalsozialisten unterdrückten sein Werk bis 1945. Er hinterließ eine Unmenge von Manuskripten, an die 20000 Seiten, die zu ordnen und zu datieren waren. 1954 erschien der erste Band einer Gesamtausgabe, die auf dreizehn Bände berechnet ist und von der inzwischen acht Bände vorliegen; Manfred S. Frings von der De-Paul-Universität in Chicago betreut sie[85].

1. ERSTE BEGEGNUNG

Es war im Jahre 1920. Ich litt unter der Öde einer Schule, die nur Wissen aufbürdete, ohne nach dem Wert solchen Wissens zu fragen. Beziehungslos umringten uns blutleere Schatten der Vergangenheit. Warum sollten wir denn die Divisionen des deutschen Heeres im Krieg 1870/71 auswendig lernen? Warum lohnte die Lektüre der „Äneis"? Was konnte uns die seltsame Lyrik des Horaz bedeuten? Eine Antwort, die sich den Sinn der Bildung zum Problem gemacht hätte, wurde uns nicht zuteil.

Da nahm mich eines Abends mein Freund Paul Ludwig Landsberg[86] in eine öffentliche Vorlesung Max Schelers nach Köln mit. Die 1919 aus dem Boden gestampfte Universität hatte noch keine eigenen Räume. Scheler las in der Aula der ehemaligen Handelshochschule. Der Hörsaal stieg amphitheatralisch an, als ob Experimente vorgeführt werden sollten. Im überfüllten Saal lauschten die Hörer atemlos.

In einer Epoche, die nach dem fast unglaublichen Zusammenbruch der Monarchie und der Armee Inflation, Hunger, Armut, Verwirrung und Verzweiflung erfuhr, hob dort unten der Mann eine Ordnung aus dem Chaos empor; wo das Auge nur Trümmer sah, errichtete er den Bau des Geistes – geräumig, fest, schön durch den Reichtum neu erkannter Wirklichkeit.

Die großen Anliegen der Menschheit

Scheler sprach in seinen öffentlichen Vorlesungen über die großen Anliegen der Menschheit. Ein Thema hieß „*Gottesbeweise*"; er zeigte, daß Gott als Person sich nicht beweisen lasse, daß aber dem menschlichen Bewußtsein die Sphären „Außenwelt", „Ich", „Wir", auch die Sphäre der religiösen Phänomene ursprünglich gegeben seien. Ein zweites Thema hieß „*Unsterblichkeit*"; er zeigte, daß sich die Unsterblichkeit der menschlichen Person philosophisch nicht beweisen lasse, daß aber ein Fortleben nach dem Tode durchaus denkbar sei[87]; denn die Richtung des Lebens als vita vitalis gehe von maximaler Freiheit zu maximaler Gebundenheit, wogegen die Richtung des Geistes von der maximalen Gebundenheit beim Kinde zur vital freien Hingabe an den puren Gehalt der Sachen, Werte und Personen gehe. Und er fragte: Reicht dieser Schwung des personalen Geistes über das Ende des Lebens hinaus, oder wird die Person in der Stunde des Sterbens vernichtet? Er beschied sich: Die Frage ist philosophisch unlösbar[88]. Diese strenge Zurückhaltung, in der er die Grenzen der Philosophie sich und anderen offenlegte, war kennzeichnend auch für jene einem breiten Kreis zugänglichen Vorlesungen. Er war alles andere als ein Prediger oder Weltanschauungsredner. Die Leidenschaft des Suchens verband er mit Scharfsinn und Kühle. Und so verhielt er sich auch bei den anderen Themen dieser öffentlichen Reihen, etwa in dem Kolleg über *Leben und Tod* (mit erstaunlichen biologischen Kenntnissen) oder über die *Grundgestalten des Menschen* (besonders des Heiligen und des Genius).

Was mich gleich beim ersten Hören Schelers bannte, war die innere Kraft, mit der er – durch und durch Mensch – das Menschliche bedachte. Dieser Eindruck vertiefte sich, als ich kurz darauf die Universität bezog und den Typ des Kathederphilosophen aus der Nähe kennenlernte.

Der Akt des Philosophierens

Scheler machte die Philosophie nicht zur Philosophiegeschichte; zunächst vom Problem ergriffen, sah er sich in der Geschichte um und begann ein Gespräch der Geister. Da wurde altes Wissen neu, Neues kam – manchmal in überraschenden Funden – hinzu. Im historischen Wissen lichtete sich Wahrheit.

Er verharrte auch nicht bei nur vorbereitenden Untersuchungen zur Methode. Zwar übertraf ihn unter den Zeitgenossen kaum einer an Subtilität der Unterscheidungen, etwa in der Erkenntnislehre oder der Phänomenologie der Akte. Aber er mochte nicht die bloßen Methodiker; sie schienen ihm Metzgern zu gleichen, die immer das Messer schliffen, aber nicht zuschnitten (so äußerte sich der bayerisch Eßfrohe).

Weil ihn der Wind unbefahrener Ozeane lockte, hatte er keinen Sinn für die komfortabel eingerichteten Häuser der Tradition, mochte es nun die Neuscholastik oder der Kantianismus sein, aus dem er selber kam.

Philosophie war ihm „Einsicht in alle uns an Beispielen zugänglichen Wesenheiten und Wesenszusammenhänge des Seienden". Philosophische Geisteshaltung entfaltete sich ihm in Akten der Teilnahme am Wesenhaften aller möglichen Dinge[89] – nicht im Willen zur Beherrschung der Außenwelt, sondern in einer Bewegung der Sympathie, nicht mit kritisch blinzelndem Blick, sondern mit dem frei und groß sich aufschlagenden Auge des Geistes. Philosophie – lehrte er – sei ein Gruß an das Steigen der Fülle, in dem sich dem Erkennenden die Inhalte der Welt immer neu entwinden und die Grenzen der Begriffe überfließen[90]. Philosophie führe aus der freien Hingabe an den Anschauungsgehalt der Welt zur unkonstruktiven Selbstbefragung und Selbstfindung des Menschen. Scheler suchte die unmittelbare und ursprüngliche Berührung mit den Problemen; alle Fragen waren ihm anfängliche und nicht literarisch überlieferte Fragen. So umgab ihn eine unvergleichliche Atmosphäre der Frische.

2. DAS WERK

Nicht das Cogitare war ihm das Fundament seines denkerischen Lebens wie bei Kant, nicht das Dubitare wie bei Descartes; es war das Thaumazein, das Staunen, darüber, „daß überhaupt etwas ist und nicht lieber nichts"[91] und daß das, was da ist, eine unerschöpfliche Wertfülle in sich birgt. Wie sich die Historiker nach einem Wort des Gregorovius[92] in solche scheiden, die dabei gewesen sind und die nicht dabei gewesen sind, wie es Interpreten der Kunst gibt, die nicht über ein Werk reden, sondern aus denen das Werk redet, so gibt es Philosophen, in denen das Sein selber sich zur Sichtbarmachung drängt – er gehörte zu ihnen: eine unlernbare Mächtigkeit des Sehens war ihm zu eigen.

Grundlage der Philosophie

In der Hinwendung zur Unerschöpflichkeit des Seins erweist es sich, daß das Denken trotz seiner ungeheuren Kraft zur Erfassung der vollen Realität nicht ausreicht. Scheler erschließt eine neue Quelle der Erkenntnis: das *emotionale Apriori*. Dabei handelt es sich nicht um ein sogenanntes gefühlsmäßiges Erspüren der Gegenstände, d.h. um eine Stellungnahme zur Welt aus der Subjektivität und aus ihrer jeweiligen Gestimmtheit. Vielmehr geht es um eine strenge Zuordnung von Aktart und Gegenstand. Farben z.B. werden gesehen, aber nicht gehört. Sinnesdinge werden wahrgenommen. Begriffe werden gedacht. Werte aber werden fühlend erfaßt. Wie sich uns im Wahrnehmen die sinnlichen Qualitäten auftun, so erfahren wir im intentionalen Fühlen die Welt der Gegenstände von ihrer Wertseite her. Das Fühlen heißt „intentional", weil es auf einen Gegenstand bezogen ist. Scheler meint also nicht das Gefühl, sondern das Fühlen. Schmerz ist ein Gefühl. Nun kann ich den Schmerz leiden oder ertragen oder vielleicht sogar genießen. Dieses Fühlen ist intentional, d.h. auf einen Gegenstand – hier den Schmerz –

gerichtet. Das Gefühl dagegen nimmt nichts auf; es bewegt sich ihm nichts entgegen; es ist nicht einem Objektiven zugewandt; es ist ihm eben nicht ein Gerichtetsein immanent. Im intentionalen Fühlen und nur in ihm erreichen wir die Welt der Gegenstände in ihrer Wertigkeit.

Dabei vollziehen wir alogische, gleichwohl apriorische Akte. In der traditionellen Philosophie nahm man nur logische apriorische oder alogische unapriorische Akte an. Die alogischen apriorischen Akte führen zu einer eigenen Art von Erfahrung, für deren Gegenstände der Verstand so blind ist wie das Ohr für die Farbe. Diese Erfahrungsart führt uns echte objektive Gegenstände und die zwischen ihnen bestehenden Gesetzlichkeiten zu; die in ihr erfaßten Gesetzlichkeiten sind, so betont Scheler nachdrücklich, genauso einsichtig wie die der Logik und der Mathematik[93]. Freilich ist immer ein blindes Fühlen möglich wie auch ein blindes Urteil. Das blinde Urteil ist kein grundsätzlicher Einwand gegen die mögliche Objektivität des Verstandes; das blinde Fühlen ist kein grundsätzlicher Einwand gegen die mögliche Objektivität des Fühlens.

So gewann Scheler ein neues Organon der Philosophie. Bis dahin war das Fühlen den einen (Leibniz vor allem) nur ein dunkles, verworrenes Denken; die anderen (Kant vor allem) sahen nur das Gefühl, nicht aber das intentionale Fühlen, und da sie die Gefühle der „Sinnlichkeit" im Gegensatz zur Vernunft des Menschen zuordneten, konnte ihnen das Fühlen keine Beziehung zum Apriorischen gewinnen.

Der höchste Akt des Wertfühlens ist die *Liebe*. Das Maß der Erkenntnis ist an das Maß der Liebe gebunden, wie Scheler in Fortsetzung einer Einsicht Augustins und Pascals ausführt[94]. Die Liebesfähigkeit eines Menschen entscheidet über seine Erkenntnisfähigkeit. Liebe fundiert also Erkenntnis. Dabei erfaßt die Liebe nicht einfach einen Wert, wie jedes intentionale Fühlen es tut, sondern macht bis dahin unerschlossene Werttiefen fühlbar, übersteigt also das Bekannte zu liebenswertem Unbekannten hin. Sie hat die Gabe der Entdeckung, da so neue und vielleicht sogar höhere Werte aufleuchten. Das intentionale Fühlen richtet sich „antwortend" auf einen Wert; die Liebe richtet sich „entdeckend" auf ihn[95].

Schelers Philosophie wurzelt in der Lehre von der geistigen Person des Menschen, ist wesenhaft personalistische Philosophie. „Person" ist mehr als die Summe ihrer Erlebnisse; mehr als ein bloßes Ausleben ihrer Individualität; etwas anderes als die Konstanz gewisser Neigungen und Anlagen (was man als „Charakter" bezeichnet). Sie ist die individuelle Einheit des Erlebens, die wir als solche unmittelbar miterleben, konkrete Seinseinheit von Akten verschiedenartigen Wesens. A und B genießen die gleiche Frucht verschieden. „Erst durch ihre Zugehörigkeit zu dem Wesen dieser oder jener individuellen Person konkretisieren sich die Akte von abstrakten zu konkreten Wesenheiten. Darum kann man auch ohne vorherige Intention des Wesens der Person selbst niemals einen konkreten Akt voll und adäquat erfassen."[96]

Die Person lebt im Vollzug intentionaler Akte, die Physisches und Psychisches, ihre Umwelt, aber auch ihren Körper und ihre Ichheit zum Gegenstand haben können. Sie durchwaltet diese Welt. In ihr erlebt sie sich. Das Sachkorrelat der Person ist also die *Welt*. Das Tier hat keine Welt, sondern nur eine Umwelt.

Die im Vollzug intentionaler Akte lebende Person ist nur im *Mitvollzug* gegeben. Wer Personen vergegenständlicht, verfehlt sie. Scheler lehnte darum die Pädagogik ab: als bewußtes Führen, Beherrschen, gegenständliches Abschätzen der Person aus dem Gegenüberstehen. Er merkte einmal an, daß er über alle Disziplinen der Philosophie gelesen habe, doch nie über Pädagogik. Die höchste Form des Mitvollzugs ist die geistige Personliebe. In ihr wird die Person als solche bejaht, wie immer sie sei.

Solche Einsichten stehen in dichter Nähe zur *Existenzphilosophie*, deren Anfänge Scheler noch erlebte. Er sah Tieferes, als er in seiner noch platonisierenden Terminologie auszudrücken vermochte. So ist sein Terminus „Wertidealbild" der konkreten Person nicht idealistisch, sondern existentiell gemeint. Es geht hier darum, daß wir aus zentralem Verständnis die Grundintention einer Person gleichsam zu Ende ausziehen: zu ihrer möglichen Höchstform hin. Diese Liebe, die um den zentralen Springquell der Person weiß, ist der große plastische Bildner, der aus empirischen Einzelheiten die innere

Ganzheit eines Menschen herauszuschauen und herauszuformen vermag. An diesem „Wertidealbild" messen wir dann ihre empirischen Handlungen: ob sie aus ihrem Selbst, ihrer „Eigentlichkeit" kommen oder ob sie sich selbst, ihre „Eigentlichkeit", verfehlt[97].

Die vielen Wertregionen, die in der konkreten Person zur Einheit gelangen, bilden eine *Rangordnung.* Die dauerhaften Werte sind höher als die flüchtigen, die tief erfüllenden höher als die nur oberflächlich befriedigenden, die andere Werte fundierenden höher als die von diesen fundierten Werte. Dabei ergeben sich vier Wertregionen[98].

1. Die Mentalität des *Angenehmen und des Unangenehmen.* Diese Werte sind relativ auf eine sinnliche Natur. Sie sind lokalisierbar, organgebunden, von punktuellem Charakter, ohne eigentlichen Personbezug. Der Mensch reagiert auf sie mit Lust und Unlust. Die Typen dieser Wertschicht teilen sich in Erwerbende und Genießende. Der Erwerbende ist der zivilisatorische Führer: Forscher in den positiven Wissenschaften, Techniker, Lenker in der Wirtschaft[99]. Alle drei sind den Nutzwerten zugeordnet. Sie sorgen für die Befriedigung der Bedürfnisse und für die Annehmlichkeiten und den Luxus des Lebens. Sie sind nicht als Personen an erster Stelle wertvoll. Sie ordnen sich einer bestimmten Stelle der Entwicklung ein, indem sie einen Entwicklungsprozeß weiterführen oder ihn umbiegen. Es sind also die Männer des Fortschritts. Was sie schaffen, verbraucht der Künstler des Lebensgenusses. In seiner reinsten Form genießt er alles, auch die Werte des Geistes und des Heiligen. Er lehrt den feinsten Umgang mit den Annehmlichkeiten. Der zivilisatorische Geist vermehrt die Reizmöglichkeiten durch Reizmittel, die er neu herstellt, der Künstler des Genusses durch Steigerung der Genußfähigkeit. Zwei Formen der Entartung bestehen. Der Utilist ist auf kein höheres Lebensideal als die Werte des sinnlich Angenehmen bezogen und versagt sie sich, aufgezehrt von der Herstellung dieser Güter; der Philister, Vertreter der vollendeten sittlichen Dummheit, kennt keine höheren Werte als Lust und geht ihr doch aus Ressentiment gegen den Künstler des Genusses ständig aus dem Wege.

2. Die Modalität des *Vitalen.* Sie betrifft den ganzen Leib: Gesundheit und Krankheit, Jugendfrische und Tod, Mattheit und Kraftfülle, aufsteigendes und niedergehendes Leben,

die Spannung zwischen Edel und Gemein. Typen dieser Wertschicht sind solche, die das Vitale erhalten (der vollendete Arzt) und die das Vitale zu höchster Steigerung bringen (der Olympiasieger bei den alten Griechen, die Lehrer des Bogenschießens in Japan, überhaupt die Meister der vitalen Zucht und des vital Edlen). Auch der Bereich der Wohlfahrt gehört hierher.

Den Vitalwerten ist der „Held" zugeordnet[100] mit eigenen vital-geistigen Tüchtigkeiten und Tugenden. Gewiß gehören zu ihm vitale Werte: natürlicher Adel, Höhe der Rasse, Kraft. Aber was er schafft, geht quer durch die Wertschichten hindurch. Er sichert den Werten des sinnlich Angenehmen einen Lebensspielraum und ermöglicht so Wohlfahrt. Aber er kann auch das Gute, das er aus den Händen der Genien und der Heiligen empfängt, durch Macht und Herrschaft zur Anwendung bringen. Stets ist er ein Mann der Tat: Lenker des Staates, Feldherr, Kolonisator, Entdecker. Was ihn treibt, ist weder die Gottesliebe noch die Weltliebe; er ist Willensmensch und Machtmensch, wobei die „heldenhafte" Seele in einem schwächlichen Körper wohnen kann. Immer aber ist sie verbunden einer starken Vitalität, die das Triebleben und die geistigen Kräfte auf lange Sicht zu konzentrieren vermag. Seine Grundtugend ist die der Selbstbeherrschung; denn nur der erwirbt Macht über andere, der größte Macht auch über sich selbst hat. Macht hat nichts mit Gewalt zu tun, solange sie sich den geistigen Werten und den Werten des Heiligen unterordnet. Soll der „Held" nicht blind werden, so muß eine höhere geistige Kultur und ein religiöses Bewußtsein hinter ihm stehen. Nur dann kann er, ausgesprochener Wirklichkeitsmensch, Ideen in den konkreten Stoff der Welt einführen. Am Anfang war nicht die Tat, sondern das Wort.

Dem Staatsmann fällt die Aufgabe zu, die Rechtsordnung durchzusetzen. Macht und Recht sind die konstanten Elemente des Staates. Der Staatsmann ist Politiker als Künstler der Herrschkunst. Größter Fehler eines Politikers ist Machtscheu. Aber er erfüllt sich nur in der Einheit von Verantwortung und Machtwillen. Vor dem leidenschaftlichen Machtwillen muß eine konkrete Wertidee und ein konkretes Ziel stehen. Konkret ist die Idee jedoch nur als Forderung der Stunde. Bei uns ist es Sitte, jedes historische Ereignis als notwendig abzuleiten. Aber tatsächlich kommt es darauf an, die

Forderung der Stunde mehr oder weniger geschickt zu erfüllen. Dabei können die Mittel der Verwirklichung sich täglich verschieben. Und doch muß eine einsichtige Idee und Überzeugung da sein. Gewissenhafte Verantwortung vor Gott, dem Geiste eines Volkes und der Zukunft der Menschheit als solidarischem Ganzen ist gleich notwendig. Aber diese Verantwortung ist nicht in schwerem Ernst, sondern nur im Spiel des Agons zu verwirklichen. Eine besondere Gefahr besteht in der Verwechslung des Staatsmannes mit dem Demagogen. Der reine Demagoge ist nicht der Führer, sondern der Geführte. Er sucht Macht ohne Verantwortung, wie der Grübler Verantwortung ohne Macht sucht. Er überzeugt nicht, sondern hypnotisiert. Er wendet sich an die Masse und schneidet sich vom Geist des Volkes und vom Sinn des Menschen ab.

3. Die Modalität der *geistigen Werte*. Alles, was das Wesen von Akt, Intentionalität und Sinnerfülltheit hat, gehört dem geistigen Bereich an[101]. Er gliedert sich in die Wertklassen: schön und häßlich / Recht und Unrecht / reine Wahrheitserkenntnis; er formt sich aus in der Kunst, der Rechtsordnung und der Philosophie.

Dieser Wertregion ist der Genius zugeordnet. Er lebt in seinem Werk, durch das wir in das Ganze einer Welt, in einen Mikrokosmos, blicken. Seine Welt hat im Vergleich zu dem, was andere Menschen bemerken, eine größere Fülle, Ursprünglichkeit, Neuheit. Im Akt einer geistigen Liebe richtet er sich auf die Welt schlechthin; so wird ihm das Einzelne zum Symbol, durch das hindurch er die Welt als Ganzes umfaßt. Im Gegensatz zu den Produkten des Handwerks und der Technik ist sein Werk an die Person gebunden. Das hemmt keineswegs die Objektivität, sondern ermöglicht sie überhaupt erst. Denn nur im Einsatz der unersetzlichen Person wird der Zugang zu noch verborgenem Sein gewonnen. Da das Werk unmittelbar auf den Wesensgrund bezogen ist, altert es nicht und unterliegt nicht dem Fortschritt. Der Genius ist für die Welt das, was der Heilige für Gott und was der „Held" für die Umwelt ist.

Zwischen dem Genius und dem Heiligen steht der Weise. Bei ihm ist das Sein wichtiger als das Werk, und seine Erkenntnis zielt auf innere Befreiung und Erlösung.

4. Die Modalität der *religiösen Werte*. Sie steht in der Spannung von heilig und unheilig. Der Heilige ist in seiner Inten-

tion dem Göttlichen liebend und schauend zugewandt. Er wirkt auf andere Personen nur durch das Sein seiner Person selbst, nicht primär durch Tugenden, Werke oder Taten. Der Heilige kann natürlich auch noch andere Wertschichten in sich vereinigen; aber sie werden durchdrungen und geführt von der Heiligkeit.

Religiöse Phänomene sind unvergleichlich, z. B. Opfer und Anbetung, Reue und Wiedergeburt (Reue sprengt die Kausalordnung der Handlungen und Ereignisse und vermag einen neuen Anfang zu setzen)[102]. Beispielhaft ist Schelers Analyse der Ehrfurcht. Sie ist diejenige Haltung, in welcher der Mensch noch etwas hinzu wahrnimmt, was der Ehrfurchtslose nicht sieht und wofür gerade er blind ist: das Geheimnis der Dinge und die Werttiefe ihrer Existenz. Nicht nur Gott und die Welt, sondern auch unser eigenes Ich erscheinen in der Tiefendimension erst durch die Ehrfurcht. Sie gibt uns das Bewußtsein eines noch ungehobenen Reichtums in uns. Durch sie vernehmen wir den leisen Zuruf der Dinge, daß kein Auge gesehen und kein Ohr gehört hat, was Gott denen bereitet, die ihn lieben. Die Ehrfurcht läßt uns jener Bruchstelle innewerden, an der ein Strahl des unendlichen Geistes sich an einer engen bedürftigen Artorganisation des Lebens bricht[103].

Scheler geht nach diesem Entwurf einer Wert-Architektur (so darf man sagen) auf den geschichtlichen Wandel ein. Es wechseln die sittlichen Anschauungen der Menschen von Volk zu Volk, von Zeit zu Zeit. Aber dieser Wechsel ist nicht chaotisch, sondern bedeutet ein allmähliches Aufschließen des Sinnes der Welt. Eine Kooperation verschiedener Völker und Zeiten ist dazu nötig. Formen des Ethos müssen sich in der Geschichte eigengesetzlich entfalten, da z. B. erst die Römer den Wert der pietas lebten, erst die Chinesen etwa durch Konfuzius die Gemeinschaftsethik in ganzer Tiefe entdeckten. Das Ethos ist nie fertig in seiner Durchbildung. Darum ist ein *Wertperspektivismus* der Zeit- und Volkseinheiten nötig.

Scheler führt schließlich über die Einzelperson hinaus zur *sittlichen Gemeinschaft von Personen*, die der Selbsterfüllung von Personen dienen muß.

Jeder Mensch ist ein individuelles Wertwesen, das in persönlicher Weise auf die Werte hingeordnet ist und sie in einer persönlich einzigartigen Form verwirklicht. Die Werte bestehen zwar in sich, aber deuten gleichsam auf den einzelnen hin und flüstern ihm zu: „Für dich". So gibt es außer dem allgemein gültigen objektiven Guten für jede Person noch ein individual gültiges, nicht minder objektives und prinzipiell einsichtiges Gutes, auf welches das persönliche Gewissen reagiert. Der Einzelne ist gehalten, die allgemein gültigen Werte und die für ihn allein faßbaren Wertqualitäten zu verwirklichen. Erst die Durchdringung von *Wertuniversalismus und Wertindividualismus* sichert die volle Verwirklichung des Guten[104].

Menschen können und sollen um so mehr gleich werden, je niedriger im Rang der Wertordnung die Güter und Aufgaben sind. Das gilt vor allem von den Nützlichkeitswerten. Im Bereich des Ökonomischen muß das Streben nach privater Nützlichkeit der staatlichen Formung des Lebensraums sich unterordnen. Freilich ist die individuelle Geistperson in ihrem Kern aller *Staatlichkeit* überlegen. Der Staat gründet in individuellen Geistpersonen, nicht umgekehrt. Darum kann der Staat im äußersten Falle wohl das Opfer des Lebens der Person fordern, niemals aber das Opfer der Person überhaupt, ihres Gewissens und ihres Heils oder auch nur eine schrankenlose Hingabe der Person an ihn. Scheler begrenzt die Tätigkeit des Staates auf drei Gebiete: 1. Recht – Sicherung der Rechtsordnung in Gesetzgebung und Rechtsprechung / 2. Macht – Beförderung des natürlichen Wachstums der Lebensgemeinschaft, über die er herrscht (Bevölkerungs- und Gesundheitspolitik) / 3. Wohlfahrt – Erhaltung und Förderung der Gesamtwohlfahrt (Verteidigung der Gemeinschaften gegen Angriffe und eine sinnbezogene Verwaltung). Kultur realisiert der Staat nicht. Die kulturschaffenden Kräfte liegen in der Nation, die durch eine Kulturidee konstituiert ist, und im Einzelnen. Vor allem kann der Staat keine Kultur inspirieren. Die ökonomische Person ist unterstaatlich, die individuelle Geistperson ist überstaatlich, die intime Person (vgl. S. 94) ist außerstaatlich. So grenzt Scheler eine „staatsfreie Erlebnisschicht" ein[105].

Die Absolutsetzung der Einzelperson und die Absolutsetzung der Gesamtheit verfehlen gleicherweise die rechte Verkettung von Einzelperson und Gemeinschaft. Eine völlige *Absolutsetzung der Einzelperson* vertritt Tolstoi. Jede Amtsperson z.B. ist in der Welt Tolstois schlecht, und jede Tendenz zum Guten beginnt erst damit, daß sie sich von ihrem Amte löst und eine Richtung auf die intime Person einschlägt. Nach dieser Lehre wäre der Eremit das Muster der sittlichen Vollkommenheit und das gemeinschaftliche Leben schon an sich mit einem Makel des Bösen behaftet[106]. Wesentlich unedler ist die Absolutsetzung der Einzelperson im Individualegoismus, dessen wirtschaftliche Auswirkungen – Konkurrenz, Individualismus, Schrankenlosigkeit des Unternehmertums – Scheler genau geschildert hat. – Einer gleich krankhaften Konzeption gehört der *vergemeinschaftete Mensch* an. Im Ersten Weltkrieg warnte Scheler vor den Tendenzen zum „Bienenstaat", vor dem unitarischen Reichsstaatssozialismus, demgegenüber die individuelle Selbstverantwortlichkeit und Eigenart auch des ökonomischen Individuums festzuhalten sei[107]. Er erinnerte an das Wort des sterbenden Herbert Spencer (1820–1903) über die Entwicklung unserer Zeit: „Es wird kein Mann mehr tun können, was er will, sondern jeder nur, was ihm geheißen wird."[108]

Es liegt im Wesen einer endlichen Person, eben weil sie endlich ist, *Mitmensch* anderer endlicher Personen zu sein, die erst mit ihr zusammen die Werttotalität verwirklichen, genauso wie auch die einzelne Geschichtsepoche das solidarische Bewußtsein haben muß, daß erst die Gesamtheit der Geschichtsepochen in der Menschheit den Kosmos der Werte verwirklichen kann. Die höchsten Akte der Person sind ihrem intentionalen Wesen nach Akte, die nur im Miteinander ihre Erfüllung finden können. So gehört zur Person das Du. Auch andere Akte wie Herrschen und Gehorchen, Versprechen oder Mitfühlen weisen auf das Du hin.

Scheler konzipiert als Träger der Gemeinschaften den fragwürdigen Begriff der *Gesamtperson.* Gesamtperson ist z.B. das Volk. Demgegenüber hat Nicolai Hartmann darauf hingewiesen, daß die Personqualität sich um so mehr verflüchtigt, je allgemeiner die Gemeinschaften werden.

Wir schildern nicht im einzelnen Schelers Abgrenzung einiger grundlegender Gemeinschaftsformen: die *Masse,* die ein Analogon zur Herde ist und durch verständnisfreie, sogenannte Ansteckung und unwillkürliche Nachahmung sich konstituiert, die Lebensgemeinschaft als *natürliche Gemein-*

schaft, in der ebensowenig wie in der Masse die Einzelperson erscheint, die *Gesellschaft* als künstliche Gemeinschaft, in der die Verbindung durch besondere bewußte Akte hergestellt ist, der die Person in ihren Leistungswerten wichtig ist und in der die Werte des Angenehmen und des Nützlichen den eigentlichen Inhalt des Miteinander bilden.

Wir weisen lediglich auf die Erfüllung des Einzelnen in der Gemeinschaft hin, auf den *Solidarismus*. Jede Person ist hier Einzelperson und Glied. Sie hat Selbstverantwortlichkeit und Mitverantwortlichkeit. Der Einzelne wie die Gesamtheit sind letztlich verantwortlich vor Gott. Vor einem höchsten göttlichen Richter müßte dieses Gliedschaftsverhältnis sich so äußern: keinen würde er richten, bevor er nicht alle mitvernommen hat, mitverstanden, mitgewürdigt; und in jedem würde er das Ganze ebensowohl wie das Ganze in jedem mitrichten[109]. Auch im Solidarismus darf die Person niemals in die Gliedschaften aufgehen; niemals ist ihre Selbstverantwortlichkeit in lauter Mitverantwortlichkeit ausgeschaltet; niemals gehen ihre Pflichten und Rechte in gliedhaften Pflichten und Rechten unter[110].

Jede endliche Person hat eine Sozialsphäre, aber auch eine *Intimsphäre*, in der sie mit sich, dem Geliebten und mit Gott allein ist. Diese Intimsphäre ist der Öffentlichkeit notwendig entzogen. Nur die Sozialperson kann z. B. gerichtet werden. Das meint wohl auch der Satz des Evangeliums (im Hinblick auf die intime Person): „Richtet nicht, damit ihr nicht gerichtet werdet!“[111] Scheler hat die Mächtigkeit der Intimperson in einer Analyse des Schamgefühls erörtert. Er spricht nicht von der geschlechtlichen, sondern von der seelischen Scham. Die Scham ist ein Schutzgefühl des Individuums und seines individuellen Wertes gegen die gesamte Sphäre des Allgemeinen. In ihm wendet sich das Individuum auf sich selbst zurück, in dem Gefühl, daß es einen individuellen Selbstschutz vor jeglicher Sphäre eines Allgemeinen nötig habe; die Scham als Schutzgefühl geht also auf positive Selbstwerte. Diese fordern Schutz und bedürfen seiner: „Je edler sich ein Leben dunkel fühlt und weiß, desto größer ist seine Scham; und je mehr seine Gefährdetheit durch den Troß des Gemeinen wächst, desto stärker spannt die Natur um seinen edelsten Kern jene natürliche Schutzhülle.“[112]

Wie die Gesellschaftsphilosophie Schelers auf dem Personalismus aufruht, so auch seine *Geschichtsphilosophie*. Ich übergehe ihre verwickelten Einzelheiten und weise lediglich hin auf die Auswirkung der solidarischen Idee in ihr. Scheler lehrt, daß erst nach Ablauf der ganzen Geschichte der Welt jedes Ereignis seinen volleindeutigen Sinn im Sinnzusammenhang des Ganzen hat. Geschichte ist unvollendet, weil es eine für den Menschen undurchsichtige und auf seine Freiheit gestellte Zukunft gibt. Geschichte ist unvollendet auch in ihren vergangenen Teilen. Sie können wieder neu wirksam werden auf die Gegenwart und können einen neuen Sinn gewinnen durch den ferneren Geschichtsablauf. „So ist jeder endgültige Sinn auch der vergangenen Geschichte noch abhängig von dem, was wir tun“. Wie die einzelnen Menschen, sind auch die Geschichtsepochen durch eine erhabene Solidarität des Sinnes miteinander verknüpft. Der Sinn auch der Vergangenheit ist erlösbar. Er ist noch veränderlich und erlösbar durch das, was wir tun und was wir mit unserer Geschichte anfangen. Es gibt kein Ereignis in der Weltgeschichte, „das, wie höllisch es auch aussehe, im Sinnzusammenhang der Dinge nicht zum ersten Keime eines neuen Guten und einer schöneren und besseren Phase der menschlichen Geschichte werden, ja durch uns also mitgestaltet werden könnte“. Jedes Ereignis ist ein Geschenk an unsere Freiheit[113].

Scheler verdeutlicht noch einmal seine Philosophie der Person in der Abgrenzung von der *Religion*. Die Philosophie kann den Glauben weder beweisen noch widerlegen. Religion und Philosophie stehen selbständig nebeneinander. Träger der Philosophie sind die schöpferischen Denker, Stifter der Religion die großen homines religiosi. Ziel der Philosophie ist die rationale Erkenntnis der Welt, Ziel der Religion das Heil des Menschen. Der letzte Gegenstand der Philosophie ist der Weltgrund, das Ens a se, der letzte Gegenstand der Religion Gott. Beide Gegensätze sind zwar realiter, aber nicht intentionaliter identisch. Zwar ist der Gott der Religion auch Weltgrund; aber er ist vor allem mehr als Weltgrund: Numen ineffabile.

Schelers Lehre von der Person bewegt sich in einem Reich der Ideen. Er spricht von der Geist-Person und berührt kaum die ungeistigen Seiten des Lebens. Er richtet sich auf Werte und vernachlässigt darüber den in der Geschichte oft anzutreffenden Unsinn und Widersinn. Er sieht die Werte in einem Ordnungs- und Ranggefüge und beschreibt nicht die Kräfte, die es gefährden oder umstürzen. Er entwickelt eine Typologie der Gesellschaftsformen und deutet nur knapp die Zwänge, die Zersetzung, die Pervertierung in der Gesellschaft an. Die Person ist bei ihm mehr von Gott als von der Erde her konzipiert; sie sei theomorph definiert, sagt Rothacker[114].

Aber in Scheler lag alles bereit, um das Reich der Geistperson mit dem Dunkel, den Stürmen, auch dem Schmutz der Wirklichkeit zu verbinden. Er war von vornherein *soziologisch* eingestellt und interessierte sich ursprünglich für die Realfaktoren, etwa der Rasse, der Politik, der Wirtschaft, für die geopolitischen Strukturen, überhaupt für die Abhängigkeit des menschlichen Geistes von blind wirkenden Kausalitäten. Er interessierte sich für alle möglichen sozialen Erscheinungen und schrieb u.a. über die Psychologie der sogenannten Rentenhysterie, den Sinn der Frauenbewegung, den Bourgeois, die Zukunft des Kapitalismus, den Militarismus und den Pazifismus, über die Leitbilder der einzelnen Nationen, über östliches und westliches Christentum. Er war von vornherein *psychologisch* eingestellt und schrieb u.a. über „Idole der Selbsterkenntnis", Ressentiment, Furcht, Leid, Stolz, Sympathie und Liebe (vgl. S. 86), über Täuschung, Irrtum, Phantasie, Leib und Umwelt und stützte seine Erkenntnisse durch psychopathologische Hinweise ab. Er vermochte naturwissenschaftlich, besonders *biologisch* zu fragen, etwa in einer Theorie des Alterns.

So „türmte er Erfahrungsmassen über Erfahrungsmassen"[115] und brach schließlich aus der idealistischen Position der Phänomenologie in die Wirklichkeit durch. Aber die idealistische Philosophie und die breite Wahrnehmung der konkreten Realität bestanden bei ihm nicht unverbunden nebeneinander. Er verflocht beide in einer neuen *Anthropologie*, die er in drei Büchern darstellte: „Die Wissensformen und die

Gesellschaft" 1926, „Die Stellung des Menschen im Kosmos" 1928, „Philosophische Weltanschauung" 1929.

Er setzte an mit einer Abgrenzung des Menschen vom *Tier*. Die Erhaltung der Gattung erfolgt beim Tier durch angeborene Organe, Instinkte, höchste Anpassungsfähigkeit. Es verfügt über gewachsene Instrumente, die wir mühsam und schlechter konstruieren müssen. So haben gewisse Blüten Reusen, durch die Insekten hineingelangen, aber nicht mehr herauskommen können; die Insekten sind so lange gefangen, bis sie die Blüte befruchtet haben. Durch die Befruchtung gehen organische Veränderungen der Blüte vor, die Reusen bilden sich zurück, und die Insekten können die Blüte wieder verlassen. Gewisse Pflanzensamen sind mit Fallschirmen und Propellern ausgerüstet, um dem Wind günstige Angriffspunkte zu bieten. Das Gefieder der Vögel würde fluguntüchtig, wenn der Regen es durchnäßte; aber sie haben gewisse Drüsen, die die Ölung des Gefieders besorgen. Der Bau von Waben ist konstruktiv von höchster Sicherheit. Dazu gibt es bei den Tieren Organe, die dem Menschen völlig verschlossen sind, z. B. die Fähigkeit, Düfte plastisch zu empfinden.

Der Mensch ist eine Sackgasse der Natur. Vital ist er ein untüchtiges Wesen. Er muß die Organe durch selbstgefügte Werkzeuge ersetzen. Den fehlenden Instinkten hilft die Intelligenz im Dienst der Arterhaltung nach. In dieser Theorie (Spencer) erscheint der Mensch als Werkzeug- und Arbeitstier: als *homo faber*. Aber diese Art praktisch technischer Intelligenz besitzt in Anfängen bereits das Tier, das man sehr lange unterbewertet hat. Es kann in gewissem Umfang Werkzeuge benutzen, vermag sich neuen Situationen anzupassen, kennt die Selbstdressur durch Versuch und Irrtum. Die praktisch technische Intelligenz ist beim Menschen nicht etwas grundsätzlich Neues, sondern gegenüber dem Tier nur unendlich gesteigert.

Doch über die praktische Intelligenz hinaus besitzt der Mensch *„Geist"*, und erst der Geist macht ihn zum Menschen; zu ihm gehört die Einsicht in die objektiven Sach- und Wertstrukturen der Welt / Selbst- und Weltbewußtsein / Erfassung der Beziehungen der allgemeinen Inhalte und der Werte in abstracto / die Fähigkeit, Werte vorzuziehen, etwa die Ehre dem guten Essen, d. h. der Erhaltung des eignen Daseins[116].

Dem homo faber ist eine eigene Form des Wissens zugeordnet; das *Arbeits- oder Leistungswissen*, das einseitig der Natur- und Weltbeherrschung dient, Wissen also, mit dem man „etwas anfangen" kann. Auf diese Weise ist eine echte Erfassung der Natur nicht möglich; denn es wird nur das an ihr gesehen, was quantifizierbar ist, sich also berechnen läßt. Nimmt das Leistungswissen die ganze Seele in Beschlag, so lenkt es den Blick auf immer niedrigere Schichten des Daseins und der Welt der Werte. Je höher Dinge im Rang stehen, um so weniger lassen sie sich beherrschen und machen. Glaube, Schönheit, Liebe, Heiterkeit der Existenz, der Genius und sein Werk, der Kindersegen – alles eigentlich Sinnvolle unseres Daseins entzieht sich dem rationellen Willen. Nur die untere Welt des Mechanisierbaren ist dieser Art willensmäßiger Faßbarkeit, dem Rationellen und der Organisation völlig zugänglich. Die besten Dinge kommen ungerufen.

Gerade der *Deutsche* ist seit dem Aufstieg Preußens und seit den Gründerjahren durch Überschätzung des Leistungswissens gefährdet. Eine spezifisch deutsche Sachlichkeitsekstase pflegt ein Prinzip bis in die äußersten Konsequenzen zu entwickeln. Im Ersten Weltkrieg schrieb Scheler: „Überhaupt muß der Geist des ‚Kapital-enorm-Kolossalen' aus unserer Gesamterscheinung etwas zurücktreten. Und dazu ist als Erstes nötig, daß wir die machbaren und unmachbaren – im höchsten Falle in ihrem Wachstum liebevoll pflegbaren – Dinge erheblich schärfer voneinander unterscheiden lernen... Urgegebene oder organisch gewachsene Weltelemente zu bewahren vor rationaler Unifizierungswut – das ist eine Formel, unter die sich vieles bringen ließe, was wir zu tun haben."[117]

Das Leistungswissen schneidet also das mögliche Wissen um Natur und Mensch auf die Nützlichkeit und Lenkbarkeit im rechenhaften Sinne zu. Schließlich aber wird das Zuschneiden wichtiger als die Nützlichkeit. Das Zuschneiden macht sich autonom. Es entsteht die Frage: Warum Herrschaft über die Natur? Die Antwort lautet auf die Dauer zwangsmäßig: um des Herrschens willen. Da kein höheres Wissen da ist, welches die Herrschaft steuert, das Geleistete aber keine eigentliche Sinnerfüllung bringt (etwa die fertige Maschine), so wird die Sinnerfüllung im Akt des Leistens gesehen: Leistung um ihrer selbst willen – Pathos der Arbeit und der Pflichterfüllung, auch wenn Würste oder Knöpfe gemacht werden. Ursprünglich diente die Arbeit der Sicherung eines angemessenen Lebensunterhaltes, und nur soviel wurde gearbeitet. Im *Kapitalismus* aber wird so viel gearbeitet, daß man gar nicht mehr in den Genuß der Arbeit kommt. Als man Leute wie Carnegie oder Rockefeller fragte, warum sie so arbeiteten, enthielt die Antwort keine Rückbeziehung mehr auf das Wohl und Wehe der Menschen (auch nicht der eigenen Person), sondern es ergaben sich die Steigerung der Überschüsse und das Wachstum des Unternehmens als Selbstzweck. Sie waren beherrscht von den vier infantilen Idealen: das sinnlich Große (der „Riese") / die rasche Bewegung (Kreisel) / das „Neue" / das „Machtgefühl" – dies sind nach Sombart die monomanischen Leitideen des herrschenden Wirtschaftstypus: Primitivierung ins Massenhafte[118]. Auch der Staat, wo er zum Staatskapitalismus greift, verfällt dem Wirbel der um sich selbst rotierenden Arbeit[119].

Die Grenzen des Leistungswissens treten in einer *Philosophie des Lebens* hervor, etwa bei Friedrich Nietzsche: „Erst wo Leben erstarrt, türmt sich das Gesetz", „In Dein Auge schaute ich jüngst, o Leben." Leben ist für Scheler vorgestalthaftes Strömen in Mächtigkeit und Fülle. Leben ist kühner Vorstoß in Möglichkeiten des Seins, die sich erst im Gelingen des Vorstoßes zu einem Sein ausformen. Leben ist Daseinssteigerung und gerade darum in einem utilistisch-kalkulatorischen Zeitalter an den Rand gedrängt. Der Arbeitswille denkt sich die Welt so, daß sie potentieller Angriffspunkt seiner Arbeit sein kann, also mechanistisch und nicht lebendig.

Das Modell der *mechanistischen Weltansicht* ist die Newtonsche Himmelsmechanik und Molekularphysik. Sie schließt die Qualitäten aus und hat keinen Ort für die „Formen" der Seele, der organischen Natur, der Gesellschaft. An ihre Stelle treten quantitierende Gesetzmäßigkeiten punktueller Realitäten, wie Atome, Empfindungen, Vorstellungen. Die mechanistische Weltansicht wirkt sich auf viele Gebiete aus. Sie bestimmt eine gewisse Art der *Psychologie:* Zerstükkelung der lebendigen Seele, Komplexe einer geringen Zahl von Empfindungs- und Vorstellungsdingelchen, Assoziationspsychologie. Die mechanistische Weltansicht mißdeutet die *Geschichte* durch Grundbegriffe, wie „Erhaltung der Energie" oder „Erhaltung der Arten", „Trägheitsprinzip", politisches „Gleichgewicht der Kräfte", Pendelgesetz der Kunststile etwa zwischen dem Haptischen und dem Optischen, dem Tektonischen und dem Malerischen. Die mechanistische Weltansicht zeigt sich in der *Volkswirtschaft:* in der Vorstellung einer Harmonie der Interessen, die sich von selbst herstellt („laisser faire"). Sie ergreift die *Theologie,* wenn sie im Deismus Gott als allgewaltigen Ingenieur und Mechaniker interpretiert. Sie verfälscht die *Erziehung* und unser Verhältnis zur *Natur* durch das Prinzip der Beherrschbarkeit. Die Beherrschung der Seele ist nur in den oberflächlichen Schichten möglich, die allein auf die sogenannten Assoziationsgesetze reagieren. Das Bild, das man sich von der Natur und der Seele macht, enthält dann nur noch die möglichen Angriffspunkte für die Bearbeitung, Umformung und technische Lenkung des Seins. Obwohl es der arbeitsdurstige Geist des modernen Bürgers geschaffen hat, setzt es sich gleich mit dem Sein selbst und seinem Gehalt[120].

Die Vorherrschaft des Zweck- und Leistungswissens beeinflußt die moderne Auffassung des *Todes.* Der moderne Mensch glaubt nicht mehr an die Unsterblichkeit. Das liegt nicht an der Wissenschaft, die den religiösen Glauben weder beweisen noch widerlegen kann, sondern daran, daß wir Arbeit und Erwerb absolut setzen, nur das Berechenbare gelten lassen und den Todesgedanken durch den Fortschrittsgedanken verdrängen. Indem das Fortschreiten selbst Sinn des Fortschritts wird, wird der Todesgedanke weggefürchtet[121].

Während der zivilisatorische Geist mit seinem Leistungswissen darauf ausgeht, die Welt im Sinne menschlich-praktischer Zwecke umzuformen, und sich also nur auf die beherrschbare Seite der Welt bezieht, gibt sich der philosophische Geist, auf *Wesenswissen* gerichtet, zweckfrei an das Wassein, an den puren Gehalt der Dinge hin. Er handelt nicht nur im Dienst an Lebensbedürfnissen. Er macht sich frei von allen zweckhaften Lebensaktionen und den zugehörigen Trieben. Er gelangt zu einer vollendet freien und reinen Anschauung der Welt[122]. Ohne diese Art des Wissens bliebe uns die Welt als solche, als das, was sie eigentlich ist, verschlossen. Entweder besäßen wir nur ein auf Brauchbarkeit hin ausgewähltes Wissen wie die Naturwissenschaften und die Technik oder ein Wissen nur um geschichtliche Einzelfakten wie die Geisteswissenschaften. Das Wesenswissen zielt auf das Wesen der Dinge. Es sucht die einzelnen Wesensregionen, Schichten und Stufen des Seins. Es taucht gleichsam in die Materia pura ein, aus der alles geschichtliche und inviduelle Sein kommt. Es vermittelt uns die Anschauung der Totalität der Welt im Sinne eines Mikrokosmos[123].

Die Anschauung des Mikrokosmos ist notwendig begrenzt. Daraus folgt der Begriff des *offenen Systems.* Weder lehrt Scheler die Unmöglichkeit jedes Systems noch die Möglichkeit eines abgeschlossenen Systems. Er unterscheidet sich darin ebenso von Hegel wie von den Empiristen. Er lehrt das offene System: das Einzelne hat zwar spürbar seinen Ort in einem Ganzen; aber dieses ist nur umrißweise oder als Leerstelle gewußt, so wie man sich eine Kreisfigur zur Ganzheit ergänzen kann, wenn erst wenige Sektoren im richtigen Bezug zum Mittelpunkt gegeben sind. So geschieht ein endloser Prozeß der Seinsfindung. Der Begriff des offenen Systems schließt den Begriff eines echten Wachstums des Geistes in sich: seiner Formen im Denken, Anschauen, Werten und Wertvorziehen. Unrichtig ist die Anschauung des 18. Jahrhunderts und Kants von der historischen Konstanz der Vernunftform und von der Kumulation der historischen Leistungen. Dieses Wachstum hat nichts mit Fortschritt zu tun; im Fortschritt entwertet die neue Phase die jeweils vorangehende. Hier aber behält die bisherige Einsicht ihren Sinn, nur daß noch neue Einsicht hinzukommt, doch nicht im Sinne einer quantitativen Bereicherung, sondern auch im Sinne des Wachstums des offenen Systems zu größerer Geschlossenheit[124]. (Wie ein Wachstum des Geistes, ist auch eine Abnahme des Geistes geschichtlich möglich.)

Um diesen wissenden Weltbezug zu gewinnen, bedarf der Betrachter einer bestimmten Einstellung. Kant forderte von ihm die Interesselosigkeit; aber das kann nur heißen: Loslösung von den Trieben und den Zwecken. Im übrigen ist das Gegenteil der Interesselosigkeit nötig: die Allseitigkeit des Interesses. Auch genügt nicht die Meeresstille des Gemüts (Schopenhauer), sondern Weltliebe muß sich entfalten, Staunen über die Fülle, Tiefe und Ordnung des Seins, ein Wissen um die Grenzen unseres Wissens, und zwar ein seliges Wissen um diese Grenzen, weil darin zugleich das Wissen um die Unerschöpflichkeit des Seins und seiner Wertfülle gegeben ist. – Damit vermag der Mensch von der Lebensangst frei zu werden, die mit aller Lebensgebundenheit des Geistes verknüpft ist und die Tätigkeiten des Berechnens, der Klugheit und der Voraussicht, also die Schöpfung von Zivilisation zur Folge hat. Die Naturwissenschaften sind nicht aus der Weltliebe geboren, sondern aus der Weltsorge.

Wissen ist ein Seinsverhältnis: Teilhabe eines Seienden am Sosein eines anderen Seienden, ohne daß dadurch eine Veränderung in diesem Sosein mitgesetzt würde. Voraussetzung der Teilhabe ist die Teilnahme, also Liebe im allerformalsten Sinne. Da Wissen ein Seinsverhältnis ist, so kann sein objektives Ziel nicht wieder ein Wissen, sondern kann nur ein Werden sein, ein Anderswerden. Das Wesenswissen ist nicht ein Wissen um des Wissens willen. Es hat vielmehr einen finalen ontischen Sinn: Werden der Person, Erweiterung der geistigen Person zum *Mikrokosmos.* Damit gewinnt das Wissen seinen höchsten Ernst und seine höchste Freudigkeit[125].

Solche Perspektiven führten Scheler zu einer neuen anthropologischen Orientierung: auf der einen Seite der homo faber, ihm zugeordnet das Arbeits- oder Leistungswissen, das viele Gebiete der Kultur aus einer modellhaften mechanistischen Weltansicht interpretiert; auf der anderen Seite das Wesenswissen, die Notwendigkeit eines offenen Systems, Weltliebe und Erweiterung der Person zum Mikrokosmos. – Diese noch punktuellen, beziehungsreichen Einsichten geben die Frage auf, ob es nicht möglich sei, die *Stellung des Menschen im Ganzen des Seins* aus unserem Wissen heraus neu zu bestimmen. Scheler hat es in einer eigenen Abhandlung versucht[126]. Er zielt auf eine Stufenfolge des psychophysischen Seins und stellt zunächst die grundlegenden Eigenschaften des Psychischen fest: 1. Selbstbewegung, Selbstformung, Selbstbegrenzung und 2. ein Fürsich- und Innesein, in dem sich die Lebewesen selber innewerden (S. 11).

Er unterscheidet vier *Wesensformen des psychischen Lebens* (S. 39f.). Die Pflanze (S. 12–16) hat einen bewußtlosen, empfindungslosen und vorstellungslosen *Gefühlsdrang*, ein bloßes „Hinzu" (etwa zum Licht) oder „Vonweg". Sie besitzt keine Empfindung; denn zur Empfindung gehört die Rückmeldung eines augenblicklichen Organ- und Bewegungszustandes des Lebewesens an ein Zentrum und die Modifizierbarkeit der anschließenden Bewegungen kraft dieser Rückmeldung. Der Gefühlsdrang der Pflanze ist ganz nach außen gerichtet („ekstatisch“) und kennt keine Rückwendung in sich selbst (Rückmeldung). Doch findet sich an ihr schon Ausdruck, eine gewisse Physiognomik ihrer Innenzustände: matt, kraftvoll, üppig, arm usw. Der Ausdruck ist ein Urphänomen des Lebens. Doch bleibt er hier ohne Kundgabefunktionen, die z. B. den Verkehr der Tiere untereinander bestimmen. Das Nützlichkeitsprinzip im Aufbau der Pflanzen überschätzt man leicht. Ihre Formen und Farben weisen „auf ein phantasievoll spielendes, aber ästhetisch regelndes Prinzip in der unbekannten Wurzel des Lebens hin“. – Das Tier hat *Instinkt* (S. 17–23). Das instinktive Verhalten hat folgende Merkmale: es ist sinngemäß, d. h., es ist für das Ganze des Lebensträgers selbst, seine Ernährung sowie Fortpflanzung oder für das Ganze anderer Lebensträger teleoklin – also eigendienlich oder fremddienlich. Es läuft nach einem festen, unveränderlichen Rhythmus ab, z. B. als sinnvolle Vorbereitung für die Eiablage. Das Verhalten ist dann Teil einer Zeitgestalt. Es ist immer für das Artleben, nicht für das Einzelindividuum bedeutsam (Verstand und „Selbstdressur“ durch Versuch und Irrtum sind dagegen individualdienlich). Der Instinkt ist angeboren und erblich in seiner jeweils besonderen Form; er ist von der Zahl der Versuche unabhängig und von vornherein „fertig“. – Aus dem Instinkt treten als eine weitere Form des psychischen Lebens das *„gewohnheitsmäßige“* und das *„intelligente“ Verhalten* sowie das *„assoziative Gedächtnis“* (S. 23–29) hervor. Nun entfaltet sich das Prinzip von Erfolg und Irrtum; es kommt zur Übung und zur Erwerbung von Gewohnheiten, zur Selbst- oder zur Fremddressur. Der Trieb macht sich schon bei den höheren Tieren frei vom Instinkt und wird mögliche Lustquelle, unabhängig vom Ganzen der Lebenserfordernisse. – Die vierte Wesensform des psychischen Lebens ist die *praktische Intelligenz* (S. 29–34). Zu ihr gehören die Wahlfähigkeit und die Wahlhandlung. Sie ermöglicht ein sinnbezogenes Verhalten in neuen Lagen ohne Probierversuche. Sie hat Einsicht in einen zusammenhängenden Sach- und Wertverhalt. Sie meistert Situationen, die sowohl artneu wie individualneu sind, und zwar in einem plötzlichen Verhalten.

Aufgrund dieses Überblickes stellt Scheler den Wesensunterschied von Mensch und Tier fest (S. 35–45). Den Menschen konstituiert nicht die praktische Intelligenz und nicht eine neue Wesensstufe psychischer Art. Ihn konstituiert der *Geist* als Fähigkeit zum Ideendenken und zur Anschauung von Urphänomenen. Das Aktzentrum aber, in dem Geist innerhalb endlicher Seinssphären erscheint, bezeichnen wir als *Person.* Sie ist entbunden vom Organischen, von dem Bann und dem Druck des „Lebens". Sie kann sich von der Umwelt distanzieren und die Gegenstände in ihrem Sosein erkennen, unabhängig vom vitalen Triebsystem und den ihm vorgelagerten Sinnesfunktionen und Sinnesorganen. Geist ist daher Sachlichkeit, Bestimmbarkeit durch das Sosein von Sachen selbst. Der Mensch kann sich in unbegrenztem Maße „weltoffen" verhalten. „Menschwerdung ist Erhebung zur Weltoffenheit kraft des Geistes" (S. 37). Der Mensch ist offen aber auch zu sich selber und hat allein unter den Lebewesen ein Bewußtsein seiner selbst. Eine Reihe von Besonderheiten zeichnet ihn aus: nur er hat die voll ausgebildete Ding- und Substanzkategorie (der Affe flieht z. B. vor der halbgeschälten Banane und vermag sie nicht mit der geschälten oder ungeschälten Banane zu identifizieren). Der Mensch hat von vornherein einen einigen Raum (dem Tier fehlt der Raum, der unabhängig von seinen eigenen Bewegungen als stabiler Hintergrund verharrt, und fehlen die Leerformen von Raum und Zeit). Der Mensch vermag sich die Welt zu vergegenständlichen; sein Geist aber kann selber nicht Gegenstand werden: „Er ist reine, pure Aktualität, hat sein Sein nur im freien Vollzug seiner Akte. Das Zentrum des Geistes, die ‚Person', ist weder gegenständliches noch dingliches Sein, sondern nur ein stetig sich selbst vollziehendes Ordnungsgefüge von Akten. Die Person ist nur *in* ihren Akten und *durch* sie" (S. 44 f.).

Was der „Geist" und nur er vermag, zeigt sich etwa in folgendem Vorgang an (S. 46): „Ich habe jetzt-hier Schmerz im Arm – wie ist er entstanden, wie kann er beseitigt werden? Das festzustellen wäre eine Aufgabe der positiven Wissenschaft, der Physiologie, der Psychologie, der Medizin. Ich kann aber denselben Schmerz in einer distanteren, besinnlichen, kontemplativen Haltung zu diesem selben Erlebnis auch als ‚Beispiel' fassen für den höchst seltsamen und höchst verwunderlichen *Wesens*verhalt, daß diese Welt überhaupt schmerz-, übel- und leidbefleckt ist; dann werde ich anders fragen: was ist denn eigentlich ‚der *Schmerz selbst*' – abgesehen davon, daß ich ihn jetzt hier habe? Und wie muß der

Grund der Dinge beschaffen sein, daß so etwas wie ‚Schmerz überhaupt' möglich ist?" Hier vollzieht der Geist den Akt der *Ideeierung.* Er ist von aller technischen Intelligenz, allem mittelbaren, schlußfolgernden „Denken", dessen erste Anfänge sich schon beim Tier finden, völlig verschieden. Ein Beispiel für solch einen ideeierenden Akt gibt die bekannte Bekehrungsgeschichte Buddhas: „Der Prinz sieht *einen* Armen, *einen* Kranken, *einen* Toten, nachdem er im Palast des Vaters jahrelang allen negativen Eindrücken ferngehalten wurde; er erfaßt aber jene drei zufälligen ‚jetzt-hier-so-seienden' Tatsachen sofort als Beispiele für eine an ihnen erfaßbare essentielle Weltbeschaffenheit." Die Ideeierung ist unabhängig von der Güte und Zahl unserer Beobachtungen und von induktiven Schlußfolgerungen. Sie erfaßt die *essentiellen* Beschaffenheiten und Aufbauformen der Welt an je *einem* Beispiel der betreffenden Wesensregion mit. So gewonnene Einsichten gelten *hinaus* über die Grenzen unserer sinnlichen Erfahrungen – wir nennen sie in der Schulsprache „apriori". Bewußt oder unbewußt vollzieht der Mensch dabei eine Technik, die man als (versuchsweise) Aufhebung des Wirklichkeitscharakters der Dinge, der Welt bezeichnen kann – gegensätzlich zum Tier, das ganz im Konkreten lebt; er überschreitet damit das Jetzt und Hier, das zufällige Sosein, die sinnliche Wahrnehmung (S. 48); er macht sich frei vom Lebensdrang, im Verhältnis zu dem die Welt vor allem als Widerstand erscheint, der zugleich die Bedingung dafür ist, daß wir ein zufälliges Jetzt-Hier-So sinnlich wahrnehmen.

Heftig durchschauert den Menschen das Leben. Aber er kann sich zu ihm prinzipiell asketisch verhalten, indem er die eigenen Triebimpulse unterdrückt und verdrängt, d.h. ihnen Nahrung durch Wahrnehmungsgebilde und Vorstellungen versagt. Das Tier sagt immer ja zum Wirklichsein, auch da noch, wo es verabscheut und flieht. Dagegen kann der Mensch auch nein sagen; er ist der *„Neinsagenkönner"*, der *„Asket des Lebens"*, der ewige Protestant gegen alle bloße Wirklichkeit. Er ist immer begierig, die Schranken seines Jetzt-Hier-Soseins zu durchbrechen, und strebt danach, die Wirklichkeit, die ihn umgibt, zu transzendieren, darunter auch seine eigene jeweilige Selbstwirklichkeit (S. 51f.).

Die monumentale Überschau, in der Scheler die Stellung

des Menschen im Kosmos bestimmt, klärt noch einmal Einzigartigkeit und Hoheit der Person scheinbar in völligem Einklang mit dem „Formalismus in der Ethik" von 1913 und 1916[93]. Aber dann kommt die entscheidende Wende: die höheren Seins- und Wertkategorien sind von Hause aus die schwächeren (Nicolai Hartmann). Am unabhängigsten ist die unterste Seinsstufe, die anorganische Welt; Tier und Pflanze sind unabhängig gegenüber dem Menschen; das Tier hängt mehr von der Pflanze ab als umgekehrt; die Masse ist unabhängig gegenüber den höheren Formen des menschlichen Daseins. „Kurz und selten ist das Schöne in seiner Zartheit und Verletzlichkeit ... Mächtig ist ursprünglich das Niedrige, ohnmächtig das Höchste. Jede höhere Seinsform verwirklicht sich nicht durch ihre eigenen Kräfte, sondern durch die Kräfte der niedrigeren. Der Lebensprozeß ... wird verwirklicht ausschließlich durch die Stoffe und Kräfte der anorganischen Welt. Ganz analog steht der Geist zum Leben" (S. 61). Wohl kann er Macht gewinnen, können die Lebenstriebe in seine Gesetzlichkeit und in die Ideen- und Sinnstruktur eingehen und ihm Kraft verleihen. Wohl determiniert er das Wesen der Weltgestaltung; aber verwirklicht wird er durch den Realität schaffenden „*Drang*". Es vollzieht sich also eine Sublimierung, durch die Kräfte einer niedrigeren Sphäre des Seins allmählich in den Dienst eines höher gestalteten Seins und Werdens gestellt werden. Aber „von Hause aus und ursprünglich hat der Geist keine eigene Energie". Damit erhält Schelers Philosophie einen neuen Bezugspunkt: auf die Ohnmacht des Geistes.

Ohnmacht und Macht des Geistes

Scheler setzt zur Durchdringung des Problems „Geist" an seinem Gegenpol, den *Trieben*, an und sieht experimentierend von da aus den Menschen als „homo naturalis". In dieser Blickrichtung, die nicht sinnlos ist, begreift er ihn als eine besondere Tierart. Drei Urtriebmächte sind zu unterscheiden: die Fortpflanzungstriebe (einschließlich Geschlechtstrieb und Brutpflegetrieb) / Wachstums- und Machttriebe / Triebe, die der Ernährung im weitesten Sinn dienen. Diese drei Urtriebe sind nicht aufeinander zurückzuführen. Primär ist der Fortpflanzungstrieb, sekundär der Machttrieb, tertiär der

Ernährungstrieb. Die Triebpsychologie des Alterns bestätigt diese Annahme.

Aus den Triebsystemen hat man bestimmte *Geschichtsauffassungen* dadurch entwickelt, daß man *ein* Triebsystem absolut setzte. Es gibt eine Geschichtsphilosophie, die den Menschen aus der Blutsmischung (Gobineau) oder aus dem Geschlechtstrieb (Freud) deutet, die ihn aus der Macht-Politik versteht (Hobbes oder Nietzsche), die Geschichte als Kampf ums Dasein, als Sicherung der Ernährung auffaßt (Marxismus)[127].

So wichtig und mächtig die Triebe für den Menschen sind, so geht er doch nicht in ihnen auf: es gibt ein spezifisch menschliches *Welterleben*, vor allem in der Weltoffenheit und strengen Sachbezogenheit. Der Mensch kann sogar zu den Trieben nein sagen, z. B. im Opfer seines Lebens oder im Akt der ideeierenden Abstraktion. Das menschliche Welterleben ist durch folgende Züge charakterisiert: Bestimmbarkeit nur durch den Gehalt einer Sache, im Gegensatz zur Bestimmtheit durch Triebe und Bedürfnisse / begierdefreie Liebe zur Welt als Überschwang über alle Triebbezogenheit der Dinge hinaus / die Fähigkeit, unter Absehung von der Wirklichkeit „Wesen“ zu erschauen, im Erlebnis von reinem Sosein statt bloß von Daseiendem[128]. Das Tier ist dranggebunden, augenblicks- und reizgebunden, dem Triebziel verfallen; es ist von der Begierde unlösbar in seine Umwelt hineingebannt und ohne geistige Welt.

Das spezifisch menschliche Verhalten wird dort besonders deutlich, wo der Mensch in einer nur ihm eigenen Weise den mächtigsten der Triebe erlebt: den *Geschlechtstrieb*. Der Geschlechtstrieb ist Lust an der Begattung und am Leben überhaupt. Er kennt keine Wahl, sondern ist einfach Drang der Vitalität zur Vitalität. Schon beim Tier gibt es nicht nur Geschlechtstrieb, sondern auch ein Auswählen. Für die *Geschlechtsliebe* ist dann die Richtung auf bestimmte werthafte Vitalität und die Ablehnung anderer bezeichnend. Dieses Ja und Nein wird nicht überlegt, sondern erfolgt instinktiv. Bei gesundem Instinkt richtet sich die Wahl auf die förderliche vitale Qualität. Es wird der Unterschied von Edel und Gemein empfunden. Das spezifisch Menschliche äußert sich dabei in verschiedenen Formen: Der Mensch kann zu dem mächtigen Trieb nein sagen im Opfer der Geschlechtsliebe.

Er kann die Hingabe des Menschen als Symbol erleben, als Ausdrucksgebärde restloser Hingabe des Ich an das Du. Dann ist die Geschlechtsliebe von der Person durchstrahlt. Der metaphysische Sinn der Geschlechtsliebe ist keine Erkenntnis, aber vermittelt eine sonst schwer zu gewinnende Erkenntnis: die Erfassung des Lebensstromes. Die völlige Hingabe vermittelt die Teilnahme am All-Leben. Der Mensch taucht dann wieder in das vorgestalthafte Leben ein. Er überspringt die Grenze der Individualität und löst sich in den Lebensstrom.

Die *Philosophie der Triebmächte*[129] hat Scheler als erster versucht. Platon wie Thomas von Aquin, Descartes wie Spinoza, Leibniz wie Kant und Fichte haben diese ungeheuren Wirklichkeiten aus ihren Spekulationen verdrängt.

In engem Zusammenhang mit der Lehre von den Trieben entwickelt Scheler die *Geschichtsphilosophie*. Er sieht, daß der Sinnfülle der Welt gleich ursprünglich die Sinnblindheit zur Seite tritt, und erklärt dies aus der Ohnmacht des Geistes. Der Geist bestimme zwar die Kulturinhalte, habe aber nicht ursprünglich die Kraft, diese Inhalte auch ins Dasein zu setzen; er sei wohl ein „Determinationsfaktor", aber kein „Realisationsfaktor" des möglichen Kulturwerdens. Die Faktoren, die das Kulturgeschehen verwirklichen, sind negativer und positiver Art. Negativer Realisationsfaktor sind die realen Lebensverhältnisse, die von den Grundtrieben des Menschen bestimmt sind. Es ist dies die von Scheler als „Drang" bezeichnete Gegenwelt des Geistes: die politischen, wirtschaftlichen, geographischen und geopolitischen Faktoren, die Bevölkerungsverhältnisse, die Rassenspannungen und Rassenmischungen. Diese Faktoren haben eine auslesende Funktion, indem sie entscheiden, was von den objektiven Möglichkeiten der Kultur historisch wirksam wird. Je reiner der Geist ist, desto schwerer gelingt es ihm, in Geschichte und Gesellschaft sich durchzusetzen; aber wenn er sich trübt und vereinfacht, wenn das Wertniveau einer Religion oder Philosophie oder Kunstform absinkt, findet eine Idee eher die Anteilnahme der Massen. Reinheit und historische Wirksamkeit des Geistes scheinen sich also umgekehrt proportional zueinander zu verhalten. Darin steckt der Wahrheitskern jeder skeptischen, pessimistischen, naturalistischen Auffassung der Geschichte. Nun hat aber doch schließlich auch der Geist geschichtliche Macht erlangt – dadurch, daß eine Elite von Führern und Vorbildern als Ideenträger der Masse voranschritt und diese Ideen mit Interessen und Trieben zu vereinen wußte. Das ist der positive Realisationsfaktor: der Geist verbindet sich mit dem „Drang“, den Trieben und Interessen. So gelangt er aus ursprünglicher Machtlosigkeit zur Macht. Dabei verliert er zwar an Unbedingtheit, gewinnt aber auch eine durchstoßende Kraft, vitale Farbigkeit und Fülle. Indem er die niedrigen Seinskräfte in seinen Dienst nimmt, wächst er durch sie. Hier fragt sich freilich der kritische Denker, wieso der machtlose Geist diese Macht auf eine Führerschicht ausüben könne. Gerade die Tatsache, daß er die niederen Seinskräfte gleichsam zu überreden und zu zwingen vermag, erscheint doch als Erweis seiner gestalterisch-freien Kraft. Trotzdem bleibt bestehen, daß der Geist, auch wenn er in der Geschichte siegreich wird, es nur im Rahmen der Realfaktoren und ihrer Eigengesetzlichkeit wird. Die Realfaktoren haben eine eigene Kausalität; sie sind sinnblind, rein triebhaft bedingt, als solche autonom. So gibt es keine Politik ohne Machtansprüche, keine Wirtschaft ohne Egoismus; strebt der Geist eine Politik ohne Macht, eine Wirtschaft ohne Egoismus an, so muß er geschichtlich scheitern. Erfolgreich kann er nur dann sein, wenn er in seine Konzeptionen bereits jene Triebgrundlagen miteinschließt. Er kann zu höheren Zielen führen nur von ihnen aus, nicht ohne oder gegen sie. Setzt der Geist sich Ziele, die die eigenkausale Gesetzmäßigkeit der Realfaktoren mißachten, so zerschellt er an ihrer Felshaftigkeit; seine Utopie zerflattert in nichts. So muß er sich nach dem Unterbau des Realgeschehens richten; erst dann vermag er diese autonom wirkenden Triebkräfte zu lenken, und zwar lediglich hemmend und enthemmend. Wenn es ihm gelingt, tragen sie seine Ideen wie auf einer Welle hoch. So geht der Mensch einen zwielichtigen Weg: er ist eingelassen in die Triebwelt der Tiere; er erhebt sich über das Triebhafte in mannigfachen Akten seines Geistes; er neigt sich dem Triebhaften erneut zu, um wirken zu können. Sein Wirken aber ist streng begrenzt: er kann den Triebmächten lediglich Ideen vorhalten oder sie ihnen entziehen. Die bloße Bekämpfung von Trieben erregt diese nur immer mehr. Vielleicht zieht schließlich der intendierte höhere Wert die Energie der Menschen an und läßt das Schlechte vergessen. „Erst in der Bewegung dieses gewaltigen Wettersturmes, der die ‚Welt' ist", können sich die Ordnung der Seinsformen und der Werte an die tatsächlich wirksamen Mächte und umgekehrt diese an jene angleichen. „Ja, im Verlauf dieser Entwicklung kann eine allmähliche Umkehrung des ursprünglichen Verhältnisses eintreten, nach welchem die höheren Seinsformen die schwächeren, die niedrigeren die stärkeren sind." Der ursprünglich ohnmächtige Geist und der ursprünglich dämonische Drang, der gegenüber allen geistigen Ideen und Werten blind ist, können sich gegenseitig durchdringen; es können sich die Drangsale, die hinter den Bildern der Dinge stehen, vergeistigen, und gleichzeitig kann der Geist sich verlebendigen. Das ist das Ziel und Ende endlichen Seins und Geschehens, und Scheler fügt hinzu: „Der Theismus stellt es fälschlicherweise an seinen Ausgangspunkt."[130]

Erich Rothacker[131] nennt Scheler einen eingefleischten Metaphysiker. Letztlich gehe es ihm um das Ens a se und per se, das Absolute. Aber indem ihm der Mensch in seiner Seinsfülle *metaphysisch* beachtenswert werde, werde er ihm zugleich als *Mensch* beachtenswert. So habe sich seine bahnbrechende Erkenntnis menschlichen Wesens entwickelt aus einer ursprünglich theologischen und theomorphen Position des Denkers: die Anthropologie sozusagen als Nebenergebnis einer metaphysischen Theologie. Nun kehrt Rothacker aus guten methodischen Gründen die Interessenrichtung um, indem er den Weltgrund beiseite läßt und die am Weltgrund gewonnene Anthropologie in den Mittelpunkt stellt. Er erkennt, daß Scheler den *Weltgrund* aus der Erfahrung des Menschen bildet und diese am Menschen gewonnenen Erfahrungen an den Himmel projiziert; er bemerkt schlicht, für ihn sei die Leinwand des Weltgrundes zu weit entfernt. Trotzdem behält die Frage nach Schelers philosophia prima ihr Recht. Scheler verfährt bei der Gestaltung der philosophia prima, wie es schon Xenophanes (geb. um 580 v. Chr.) geschildert hat: Wenn Ochsen oder Pferde malen könnten, würden die Ochsen ochsenähnliche, die Pferde pferdeähnliche Götter malen[132]. Die großen Metaphysiker haben aus dem Ens a se wohl immer einen Makroanthropos gemacht, die Großprojektion ihres eigenen Herzens.

Schelers Metaphysik beleuchtet noch einmal die Phasen seiner geistigen Entwicklung. In der ersten Phase erkannte er

Gott als geistige Person, deren innerste Kraft die Liebe ist. In der zweiten Phase verlegte er den Widerstreit zwischen Drang und Geist in die Gottheit selber. Auch im höchsten Sein hat der Geist ursprünglich keine Macht. Geist und Drang sind die beiden Attribute der Gottheit. Der Grund der Dinge mußte zur Verwirklichung der in ihm angelegten Idee- und Wertfülle den Drang enthemmen und darum die Weltgeschichte als den Prozeß seiner Selbstverwirklichung in Kauf nehmen. So wird aus der „Deitas“ bloßer Wertmöglichkeiten durch die „natura naturans“ überhaupt erst „Deus“, die verwirklichte Gottheit. Und zwar wird sie es im Menschen und durch den Menschen. Die Konzeption des Theismus, daß Gott allvernünftig, alliebend und allmächtig sei, erscheint Scheler nicht sinnwidrig; aber sie steht ihm als Verwirklichung nicht am Anfang des Gotteslebens, welches die Weltgeschichte ist, sondern als deren Vollendung und Krönung erst am Ende der Zeiten. Im Monotheismus ist der Mensch Sklave oder Sohn Gottes; für Scheler dagegen besteht ein Solidarismus zwischen Gott und Mensch; der Mensch setzt sich ein für die steigende Durchdringung von Drang und Geist, für die ideale Deitas. Das menschliche Selbst ist der eigentliche und einzige Ort der Gottwerdung. In ihm allein begegnen sich Drang und Geist. Mensch- und Gottwerdung sind aufeinander angewiesen. Das Ens a se verwirklicht sich nicht ohne den Menschen. Der Mensch aber nimmt am höchsten Sein nur durch Mitvollzug und tätige Identifizierung teil[133].

Eine besondere Untersuchung wäre nötig, um diese Konzeption mit der von Jakob Böhme und mit der des späten Schelling zu vergleichen. Sie wäre auch aus dem ungelösten Rest der christlichen Metaphysik herzuleiten, und es müßte sowohl die Aporetik des absoluten Theismus wie die Aporetik des genetischen Theismus entwickelt werden. Hier genüge die Zurückbiegung der Metaphysik in die Anthropologie und der Anthropologie in den ursprünglichen Aufschrei des menschlichen Herzens: Lactantius legte sich um 300 die Frage vor, wie es mit Gott und dem Übel sei. Vielleicht wolle er die Übel aufheben und könne nicht; dann sei er ohnmächtig. Oder er könne und wolle nicht; dann sei er nicht der Alliebende. Oder er könne nicht und wolle nicht; dann sei er nicht mehr Gott. Oder er wolle und könne; warum dann Übel?[134] Die harmonisierende Antwort des Lactantius interessiert hier nicht – wohl aber die qualvolle Frage Schelers: „Wenn Gott allmächtig und allgütig ist, wie konnte er dann einen so zerrissenen Menschen schaffen wie mich!"

3. VERSUCH EINES PORTRÄTS

Leben

Väterlicherseits entstammte Max Scheler einer alteingesessenen Coburger Familie. Coburg ist eine Stadt in Oberfranken am Südrand des Thüringer Waldes. Seine Mutter war Jüdin. Der Vater soll sie entführt haben – stürmischen Herzens. Scheler wurde 1874 in München geboren, wohin sein Vater aus beruflichen Gründen übergesiedelt war. Nach einem kurzen medizinischen und intensiven philosophischen Studium habilitierte er sich 1902 in Jena als Schüler Rudolf Euckens (1846–1926). Durch ihn kam er in Berührung mit der sogenannten Lebensphilosophie, zu deren Schöpfern – Nietzsche (1844–1900), Bergson (1858–1941) und besonders Dilthey (1833–1911) – er sich in einem Aufsatz bekannte, indem er sie zugleich abgrenzte gegen alle mechanistischen, zerstückelnden, quantitierenden Formen der Welterklärung. 1901 begegnete er in einer Gesellschaft, die H. Vaihinger in Halle den Mitarbeitern der „Kantstudien" gab, Edmund Husserl (1859–1938), dessen „Logische Untersuchungen" seit 1900 erschienen – auch er noch ein Einsamer. Das Gespräch, das er mit Husserl führte, bestimmte seine ganze fernere Arbeit; er erkannte die Bedeutung und Entwicklungsfähigkeit der phänomenologischen Methode. Dieser Umschwung seines Denkens bewog ihn, ein noch vom Kantianismus her konzipiertes und schon halb gesetztes Werk über Logik aus der Druckerei zurückzuziehen. Von 1907 bis 1910 war er Privatdozent in München. Er hatte dort geistig eine ungemein ergiebige Zeit, vor allem als führendes Glied eines Kreises junger Phänomenologen, in deren strengen, universalen Gesprächen, noch unbemerkt von der breiten Öffentlichkeit, sich die neuen Grundlagen des philosophischen Denkens festigten. Die phänomenologische Schule schuf sich damals ihr Publikationsorgan im „Jahrbuch für Philosophie und phänomenologische Forschung" (Bd. 1,

Halle 1913). Irrungen und Wirrungen um Frauen verwickelten den jungen Dozenten in einen Beleidigungsprozeß, den er verlor. Daraufhin entzog ihm die überaus rechtschaffene philosophische Fakultät die Lehrbefugnis.

Nun war Scheler sogenannter Privatgelehrter, d.h., er war bitterarm. Auch sein die gewohnten Maße sprengendes Werk „Der Formalismus in der Ethik und die materiale Wertethik", dessen erster Teil bereits 1913 erschien, öffnete ihm nicht erneut die Tore zur Hochschule. Die deutschen Universitäten nahmen für die sogenannte Rechtschaffenheit auch Langeweile in Kauf. Scheler lebte zunächst in Göttingen im Kreise Husserls, dann in Berlin, dessen unruhiges Fragen und Versuchen, dessen fluktuierende Wellen interessanter Menschen er liebte. Während des Ersten Weltkriegs setzte ihn das deutsche Generalkommando zu Vorträgen in Holland ein. Er verfaßte eine Reihe von Kriegsbüchern, von denen eines den Titel hat „Der Genius des Krieges und der deutsche Krieg" (Leipzig 1915); Franz Blei (1871–1942) bemerkte ironisch, es sei ein gutes Buch, nur habe der Verfasser anzugeben vergessen, daß er den Genius der Perserkriege gemeint habe. Franz Blei widmete dem Philosophen auch eine süffisante, von Scheler gern akzeptierte Charakteristik in dem Buch „Das große Bestiarium der modernen Literatur"[135]: „Die Scheler. In den langwährenden Brunstzeiten ist die Scheler außerordentlich lebhaft. Von den Eiern ist noch nachzuholen, daß sie oft das gleiche Ei einige Male legt. Was die Farbe betrifft, so ist die Scheler auf dem Rücken tiefschwarz mit einem ganz dünnen roten Streifen. Auf dem Bauche aber schillert sie vieldeutig und beziehungsreich." Diese zoologische Beschreibung spielt u.a. auf die stark hervortretenden katholischen Interessen und sozialen Tendenzen der Kriegsbücher an und selbstverständlich auf seine ausgreifende Vitalität. Die Kriegsbücher haben viel Zeitgebundenes an sich, enthalten aber auch viele Erkenntnisse zeitenthobenen Charakters – um nur die Aufsätze eines einzigen Buches, „Krieg und Aufbau" (1916), anzuführen: Der Krieg als Gesamterlebnis (am Weltleid sei uns erstmalig „Welt" zur persönlichen Erfahrung geworden), Über östliches und westliches Christentum, Das Nationale im Denken Frankreichs, Über die Nationalideen der großen Nationen, Bemerkungen zum Geiste und den ideellen Grundlagen der Demokratien der großen Nationen,

Über Gesinnungs- und Zweckmilitarismus, Vom Sinn des Leides, Liebe und Erkenntnis. In souveränen Aufsätzen handelte ein hellsichtiger Mensch im Erleben der eigenen undurchsichtigen Zeit philosophisch.

Nach dem Kriege zeigte eine einzige deutsche Universität den Mut, Scheler einen Lehrstuhl anzubieten: Köln. Die Universität wurde 1388 gegründet und 1798 von den Franzosen aufgehoben. In dem Bewußtsein, daß Köln aufgrund seiner großen Geschichte zur Ausprägung einer Lebensform berufen sei, die sich charaktervoll von der auch charaktervollen preußischen abheben könne, gründete Oberbürgermeister Dr. Konrad Adenauer, damals 43 Jahre alt, die Universität Köln neu. Um ihr Anziehungskraft zu verleihen, suchte er sich begabte Professoren, wo immer er sie fand. 1919 erging der Ruf an den 45jährigen Scheler. Gewiß spielte dabei auch sein Katholizismus eine Rolle, dessen unkonventionelle Liberalität und Weite. In der Tat bekannte sich Scheler, der zwar im Katholizismus aufgewachsen, aber erst im Alter von 15 Jahren mit ihm tiefer vertraut geworden war, in den ersten Kölner Jahren aus Überzeugung zu Leben und Kultus der katholischen Kirche. Das war seine persönliche Angelegenheit. In der Philosophie verfuhr er völlig unabhängig – rein von der Sache her, ohne konfessionelle oder weltanschauliche Schranken. So erzog er auch seine Schüler. Als Paul Ludwig Landsberg (1901–1944) 1921 sein Manuskript „Die Welt des Mittelalters und wir" vorlas, rückte Scheler bei aller Anerkennung der virtuosen Leistung von dem Buche ab: es erschien ihm zu romantisch verklärt, zu sehr Wasser auf die Mühle der Rückgewandten.

Neben Scheler lehrte in Köln der Philosoph Hans Driesch (1867–1941), Überwinder des Mechanismus in der Biologie, Entdecker der in allem Lebendigen wirkenden gestaltbildenden Vitalkräfte, der Entelechien – ein Weiser, nicht wie Scheler eine dämonische Natur. Nachfolger von Driesch wurde Nicolai Hartmann (1882–1950), Meister der entwickelnden Problemanalyse in unvergeßlich abgerundeten Vorlesungen. Es war eine herrliche Zeit. Die Luft war gleichsam geladen mit Philosophie. Man philosophierte überall – in der Straßenbahn, in einem billigen Eßlokal, mitten im turbulenten Karneval nach Mitternacht in einer stillen Stunde. Scheler streunte in einem alten Lodenmantel mit einem verschossenen grünen Hut durch die Straßen; er brauchte dieses Vibrieren der Großstadt, und „es“ philosophierte weiter in ihm. Landsberg und ich trafen ihn fast jeden Donnerstagabend in seinem Haus. Er stellte eigene werdende Arbeiten zur Diskussion. Auch wir jungen Leute lasen manchmal vor, was wir uns ausgedacht hatten. Vor ihm auf dem Boden stand eine große Kanne mit Bier; es ging also zünftig bayerisch zu. Wenn ihm ein vorgelesener Satz besonders gut gefiel, lachte er ganz hinten im Halse und nahm grunzend einen kräftigen Schluck Bier; Geist machte ihm eben Vergnügen. Alle möglichen Leute kamen zu ihm – nicht nur Gelehrte, auch einmal z.B. ein reicher Viehhändler. Es waren immer profilierte Menschen. Durchreisende wurden in diesen Kreis gebeten, etwa Peter Wust (1874–1940)[136], dessen Buch „Die Auferstehung der Metaphysik“ (1920) Scheler lebhaft beschäftigte. Oder er diskutierte mit dem Kölner Psychiater Kurt Schneider über Ausfallserscheinungen und andere gehirnpathologische Probleme, um vom kranken Menschen her das Wesen des Menschen zu beleuchten. In diesen dichten Gesprächen, die für konventionelles Plaudern keinen Raum ließen, spielten weniger die Musen und die Kunstwissenschaften eine Rolle als die Biologie, Soziologie, Psychologie, Psychiatrie. Scheler war immer sachhungrig und fragte Fachleute gierig aus, um mehr zu erfahren. Dabei ließ ihn ein schon vorgegebenes, vorlaufendes Wissen gleich die treffenden, die aufschließenden Fragen stellen. Es galt stets nur das Argument und nicht das Ansehen der Person. Auch als Student konnte man ihm scharf entgegnen. Das Kriegsgetöse der Disputation erfreute ihn. Er war frei von Eitelkeit und Empfindlichkeit. Das wissenschaftliche Ergebnis stand ihm höher als seine Urheberschaft. Einmal brach er eine Erörterung darüber, daß jemand ohne Zitierung ihn gründlich ausgeschrieben habe, gelangweilt und unwirsch mit der Bemerkung ab, wir sollten uns lieber darüber freuen, daß damit in dem betreffenden Buch eine fundierte Anschauung vertreten sei. Weil ihn vorzüglich die Sache beschäftigte, war er von sich selber weithin abgewandt. Er wußte wohl wenig über sich, und der Gedanke an eine Selbstbiographie wäre ihm gewiß abwegig vorgekommen.

Seine Beziehung zu Köln blieb zwiespältig. Adenauer hatte damals eine gewisse Enge des Denkens. Er machte Scheler zum Ratsherren in der Zentrumsfraktion der Stadt; aber Scheler nahm an keiner einzigen Sitzung teil. Adenauer reifte erst allmählich im Dritten Reich zu einer großen Persönlichkeit; ich war zwischen 1940 und 1948 oft mit ihm zusammen und konnte immer wieder feststellen, wie er sicherer, umfassender, ursprünglicher wurde. Zwischen ihm und Scheler stand dessen allmähliche Abwendung vom Katholizismus, und es störte ihn auch nicht wenig, daß Scheler dreimal verheiratet war.

Die erste Frau kannte ich nicht. Die zweite war die Tochter des Archäologen Adolf Furtwängler (1853–1907) und die Schwester des Dirigenten Wilhelm Furtwängler (1886–1954), Märit, eine kühle nordische Schönheit, die distanziert, ohne etwas zu sagen, an unseren Donnerstagabenden teilnahm. Die dritte war eine lebhafte hübsche Dame aus alter Kölner Familie, Maria Scheu (gest. 1969), die munter mitphilosophierte und schließlich mit angenehmem rheinischem Akzent perfekt schelersch sprach. In der Form ihrer Stirn glich sie der heiligen Ursula und ihren Gefährtinnen, die Stephan Lochner um 1440 auf einem Flügel des Kölner Dombildes gemalt hatte; Lochner war aus Meersburg am Bodensee zugewandert und hatte vielleicht gerade darum besonderes Verständnis für den „exotischen" Reiz kölnischer Mädchen und Frauen, den er – zur höheren Ehre Gottes – liebevoll auf eine Tafel des Altarbildes der Ratskapelle mit den Stadtpatronen übertrug[137]. In der sehr bescheidenen Wohnung Schelers auf der Marienburg traten immer wieder Nachkriegsschäden auf. Einmal funktionierten zwei Lichtkontakte nicht, und Maria Scheu erwartete ungeduldig den Elektriker. Gleichzeitig wartete Scheler auf Martin Heidegger (1889–1976), der an diesem Abend in der Philosophischen Gesellschaft einen Vortrag halten sollte. Da klingelte es, ein unscheinbarer junger Mann trat ein, Maria führte ihn impulsiv, wie sie war, gleich ins Badezimmer mit der Bemerkung: „Gut, daß Sie da sind! Nun fangen Sie mal gleich an!" Der Schüchterne sagte bescheiden: „Entschuldigen Sie: Mein Name ist Heidegger, und ich soll heute abend hier einen Vortrag halten." Dieser kleine Irrtum störte Maria nicht weiter; Kölnerinnen lassen sich ja nicht leicht umwerfen. Heidegger entwickelte dann in seiner Vorlesung den Begriff der „alétheia" (Wahrheit), leitete ihn ab von „léthe" (Verbergung) und übersetzte ihn mit „Unverborgenheit".

Inmitten des Seienden im Ganzen west eine offene Stelle. „Nur diese Lichtung schenkt und verbürgt uns Menschen einen Durchgang zum Seienden, das wir selbst nicht sind, und den Zugang zu dem Seienden, das wir selbst sind. Dank dieser Lichtung ist das Seiende in gewissen und wechselnden Maßen unverborgen."[138] Der Terminus „Lichtung" tat es Maria Scheu an, und sie flüsterte ihrer Nachbarin ins Ohr: „Also doch Elektriker." Scheler erkannte übrigens noch vor dem Erscheinen von „Sein und Zeit" (1926) Heideggers originäre Kraft des Fragens, zweifelte aber daran, daß sich das Dasein des Menschen als „Geworfenheit in den Tod" verstehen lasse[139]. Genauso wesentlich sei das Grunderlebnis der „Getragenheit" – dasjenige also, das Oskar Becker 1943 als „Paraexistenz", als menschliches Dawesen in der Spannung zum menschlichen Dasein, anschaulich machte[140]. Scherzhaft fügte Scheler im Gespräch mit mir hinzu, Heidegger laufe so gern Ski – offenbar nicht aus der „Geworfenheit", sondern aus der „Getragenheit". Wer nur die Geworfenheit gelten lasse, ob er sich nicht der Gefahr der Unechtheit aussetze?

Es fesselte ihn an Heidegger, daß er völlig anders war als er selber. So mochte er überhaupt vor allem diejenigen, die sich entschieden von ihm abhoben. Deshalb lag ihm Nicolai Hartmann nicht. Zwar sei er der beste Pädagoge unter den heutigen Philosophen (darum empfahl Scheler ihn nach Berlin); aber er kenne schon alles, was in Hartmanns Büchern stehe: sie führten nur genauer und feiner aus, was er selber gedacht habe. Den katholischen Theologen Romano Guardini (1885–1968) schätzte er auf eine besondere Weise. Er traf ihn 1922 bei Geheimrat Landsberg in Bonn, als der junge Bonner Privatdozent gerade zum Professor für Religionsphilosophie und katholische Weltanschauung an der Berliner Universität ernannt worden war. Wie er denn wohl den Begriff „Weltanschauung" interpretiere, fragte ihn Scheler und schlug ihm gleich ein halbes Dutzend Möglichkeiten vor. Guardini, gar nicht belesen, war völlig verschüchtert. Uns Studenten schien es damals, als sei ein Menschenfresser auf den verwirrten Dozenten der Dogmatik zugegangen. Nachher aber zeigte sich Scheler bewegt davon, daß es dies noch gab: einen Menschen unserer Gegenwart, ungezwungen und weiten Herzens aus der Ordnung lebend.

Kurz darauf, etwa seit 1923, begann Scheler sich von der katholischen Auffassung Gottes und des Menschen zu entfernen – nicht aus Wankelmut, sondern aus leidvollen Erfahrungen und aus einem Zwang des Denkens. Daß in Gott selber das Dämonische wirksam sei, daß er erst allmählich reiner Geist und reine Liebe werde, daß im Menschen die metaphysische Polarität zwischen dem eigentlich Göttlichen und dem Dämonischen ausgetragen werde (vgl. S. 111) – diese seine Überzeugung entfernte ihn innerlich mehr und mehr von Köln mit seiner reichen mittelalterlichen Tradition und seiner farbigen optimistischen Kirchlichkeit. Er ließ sich an die Universität Frankfurt berufen und starb dort kurz hinterher am 19. Mai 1928 an einem Herzleiden. Er wurde auf einem altehrwürdigen Friedhof in Köln nach katholischem Ritus beigesetzt. An seinem Grabe standen Frau Märit und Frau Maria, letztere in der Erwartung eines Kindes von ihm, seines Sohnes. Der Dekan der Philosophischen Fakultät in Frankfurt, der Germanist Hans Naumann (1886–1951), legte einen Kranz mit dem Vers Hölderlins[141] nieder: „Wer das Tiefste gedacht, liebt das Lebendigste." Der Bonner Romanist Ernst Robert Curtius (1886–1956; vgl. S. 48f.) sprach stockend, bewegt: Schelers Freunde hätten sich durch ihn in ihren besten Möglichkeiten erkannt und in ihren besten Kräften freigelegt empfunden. Den Dank seiner Schüler brachte Paul Ludwig Landsberg (1901–1944) zum Ausdruck, Verfasser des Buches „Die Welt des Mittelalters und wir", seit 1928 Privatdozent in Bonn, 1933 als Jude nach Paris emigriert, 1943 von der Gestapo verhaftet, aber unter einem anderen Namen, am 2. April 1944 im Konzentrationslager Sachsenhausen an Lungenentzündung gestorben, ohne daß sein Pseudonym gelüftet wurde (vgl. S. 114).

Der Tod Schelers und der Tod Landsbergs grenzen zwei stürmische Zeitalter ein. Darum sei noch ein Wort zu Landsberg hinzugefügt. Er sah dem Tod im Konzentrationslager offenen Auges entgegen und machte von dem Gift, das er für den Fall der Verhaftung bei sich trug, keinen Gebrauch. Das letzte, was ein Leidensgenosse im Konzentrationslager beim Abschied von ihm erlebte, vor dem Transport in den Krankenbau, war dies, daß er stumm das Kreuzzeichen über die Zurückgebliebenen machte[142].

Scheler gehörte ganz den zwanziger Jahren an, den roaring twenties, wie die Engländer sagen. Diese Zeit erbte ein Chaos und durchlebte es; sie hatte die Kraft zum Anfang und erträumte sich keine Inseln des Friedens. Wissenschaftlich verzichtete sie auf die Schemata der Überlieferung aus Lust am Aufbruch und schärfte die Fragen. Sie war grell, zynisch, enthusiastisch – Sturz zum Nichts, Flug zur Höhe, auf jeden Fall immer sie selbst. Zu neuen Ufern lockte zwar kein neuer Tag; wohl aber trieb dorthin das *Ende* des bürgerlichen Zeitalters; war es ein Beginn, wovon? Es gab damals auch viele Scharlatane der Entschiedenheit; sie spielten den Krieg des Geistes gleichsam mit kunstgewerblichen Bleisoldaten. Aber der Krieg des Geistes geschah. Der Mensch neigt als geschichtliches Wesen immer wieder zur Beharrung und Erstarrung. Ganz selten, daß einmal alles in Fluß gerät, alles bildbar erscheint. So war es damals.

Politisch waren die Jahre ein einziger Umsturz. In Rußland kam der Bolschewismus zur Macht. In Italien marschierten die Faschisten 1922 auf Rom los. Deutschland war vom Spartakismus bedroht. Der rechtsradikale Terror setzte ein: 1920 Kapp-Putsch, Fememorde, 1921 Erschießung Erzbergers, 1922 Erschießung Rathenaus. Scheler besichtigte mit Rathenaus Schwester gerade den Kölner Dom, als die Nachricht von der Ermordung ihres Bruders eintraf. Einige Tage später hielt er vor den Kölner Studenten eine kluge und entschlossene Rede auf den toten Freund. Manchmal glaubte man den „Untergang des Abendlandes“ nahe, wie ihn Oswald Spengler (1888–1939) in seinem kulturphilosophischen Hauptwerk (1918–1922) ankündigte, einem weit verbreiteten, leidenschaftlich diskutierten Buch, dem Dokument einer Zeit, die ins Dunkel der Vergangenheit ausgriff, weil das Dunkel ihrer eigenen Zukunft sie erschütterte.

Eine *Literatur* wilden Fragens begleitete den Untergang monarchisch-bürgerlicher Konsolidität. Gustaf Wyneken sagte Schule und Elternhaus den Kampf an, unter dem für die zwanziger Jahre bezeichnenden Leitwort: „Das höchste Gut des Menschen ist der Mensch!“[143] Dramen errafften sich die Stoffe aus der aufgesprengten Gegenwart und erfüllten das Theater mit Aufruhr. Walter Hasenclevers „Sohn“ 1914,

Fritz von Unruhs „Ein Geschlecht“ 1918, Reinhard Goerings „Seeschlacht“ ebenfalls 1918, Ernst Tollers „Masse Mensch“ 1920, Brechts „Dreigroschenoper“ 1929 – diese dramatischen Manifeste deckten Bodenlosigkeit auf – bei den im Geschützturm eines dem Versinken nahen Panzerkreuzers verzweifelt aufschreienden eingesperrten Soldaten oder bei den in der Grausamkeit der Revolution dahinbrodelnden Massen.

Eine plakative *Kunst* entstand – anklagend, aufreizend: durch Käthe Kollwitz (1867–1945), George Grosz (1893–1959), Otto Dix (1891–1969), der 1926 ein tief eindringendes Porträt von Max Scheler schuf (es befindet sich heute in der Kölner Universität).

Über dem Chaos wurden die Rufe *gläubiger Menschen* vernehmlich. Man hörte z. B. den Spruch des Angelus Silesius (1624–1677), als sei er in diesem Augenblick gefunden:

Mensch, werde wesentlich: denn wann die Welt vergeht,
So fällt der Zufall weg, das Wesen, das besteht.

Man hörte im „Bettler“ von Reinhard Sorge (1892 bis 1916)[144] – „eine dramatische Sendung“ hieß der Untertitel des Stückes – den Chor der Flieger an der Bahre des abgestürzten Kameraden:

Trauer deutet die Feier der Stunde nicht,
Selbst dem schlimmsten Schicksal ziemt höhere Antwort.

In die gleiche Richtung zielte Schelers Wort (vgl. S. 95), daß selbst ein höllisches geschichtliches Ereignis noch als „ein Geschenk an unsere Freiheit“ aufgefaßt und von uns beantwortet werden könne. Über Tausende ergriffener Menschen sprach Franz Werfel (1890–1945) mit heller tragender Stimme das Glaubensbekenntnis[145]:

O Herr, zerreiße mich!
Ich bin ja noch ein Kind.
Und wage doch zu singen.
Und nenne dich.
Und sage von den Dingen:
Wir sind!

In der gleichen Zeit bildeten sich auch *Grundlagen für die Zukunft* heraus: in einem stillen und strengen Wirken. Die

Baukunst bereitete durch Walter Gropius (1833–1969) und Ludwig Mies van der Rohe (1886–1969) ihre künftige Weltgeltung vor. Um 1910 bahnten sich Franz Marc (1880–1916), August Macke (1887–1914) und Wassily Kandinsky (1866–1944) den Weg zur abstrakten Malerei. Komponisten verwandelten den überkommenen Klang, den klassisch-romantischen Rhythmus: Igor Strawinski (1882–1971) 1910 im „Feuervogel", 1913 in der „Weihe des Frühlings", 1918 in der „Geschichte vom Soldaten", Paul Hindemith (1895–1963) 1921 in der Oper „Mörder, Hoffnung der Frauen", 1922 im Liederzyklus „Die junge Magd" und 1924 im „Marienleben" nach Rainer Maria Rilke (1875–1926). Das Theater löste sich von der Illusionsbühne und fand einen bis heute wirksamen Inszenierungsstil: durch Leopold Jeßner (1876–1945), Alexander Tairow (1885–1950), Erwin Piscator (1893–1966). Aus dem Film wurde erstmals eine Kunstform, an der auch noch die Produkte unserer Gegenwart gemessen werden, etwa am „Goldrausch" von Charlie Chaplin oder an Ilja Eisensteins „Panzerkreuzer Potemkin" 1926[146].

Wir stehen *wissenschaftlich* noch heute auf dem Boden dieser Zeit

Physik und Chemie: 1913 Atommodell (N. Bohr) – 1915 Allgemeine Relativitätstheorie (A. Einstein) – 1919 Atomzertrümmerung (E. Rutherford) – 1924 Theorie von der Wellennatur der Materie (L. V. de Broglie) – 1925 Quantenmechanik (W. Heisenberg) – 1926 Wellenmechanik (E. Schrödinger) – 1927 Unschärferelation (W. Heisenberg) – 1928 Quantentheorie der Strahlung (P. Dirac) – 1929 Zyklotron (O. Lawrence) – 1930 Tröpfchenmodell der Atomkerne (G. Gamow).

Tiefenpsychologie: Sigmund Freud (1856–1939): z. B. 1917 Vorlesungen zur Einführung in die Psychoanalyse, 1921 Die Traumdeutung. – Alfred Adler (1870–1937): Individualpsychologie. Deutsch 1972. – Carl Gustav Jung (1875–1961): z. B. 1912 Wandlungen und Symbole der Libido, 1921 Psychologische Typen, 1926 Die Beziehungen zwischen dem Ich und dem Unbewußten. Das alles war merkwürdig begleitet vom 1922 erschienenen Roman „Ulysses" des James Joyce (1882–1941).

Philosophie: Edmund Husserl (1859–1938), Max Scheler (1874–1928), Martin Heidegger (1889–1976).

Was in diesen wenigen Jahren wissenschaftlich geschah, wurde verbindlich für das Denken der gesamten Welt.

Scheler gehörte durch und durch zu den zwanziger Jahren, schon weil er größte Gegensätze auslebte: einerseits unruhig hin und her getrieben, andererseits in ruhiger Sicherheit ein System neuen Wissens um den Menschen schaffend. Als man ihn einmal fragte, warum er nicht selber so handle, wie er es in seinem Buch „Der Formalismus in der Ethik“ als eigentliche Erfüllung des Menschen aufgewiesen habe, antwortete er: „Ich bin ein Wegweiser; haben Sie je einen Wegweiser gesehen, der in die von ihm gewiesene Richtung gegangen wäre?“ Gern nahm er am Trubel teil: auf der Straße, im Café, im Kabarett. Damals sang man in Deutschland, freudisch angehaucht, den Schlager „Ausgerechnet Bananen“.

Meyer macht in Obst en gros
Und in Feingemüs'.
Doch sein Herz brennt lichterloh
Für die Frau von Süß.
Und er schickt ihr feinverpackt
Ananas und Keks.
Frau von Süß hat andre Wünsche.
Meyer ist perplex.
„Oh have you bananas?“
„I have no bananas for you.“

Im Kabarett ging die Chansonette eines Abends auf Scheler zu, strich ihm über die Glatze und sang:

Wo sind deine Haare, August, August,
Deine goldnen Jahre, August, August!
Keiner hatte Locken so wie du,
Keiner trug die Socken so wie du,
Keiner war gekämmet so wie du,
Trug das steife Hemmed so wie du,
O du lieber Augustin,
Alles ist nun hin.

Dieses moderne „Vanitas“-Erlebnis, unter den damaligen Universitätsprofessoren selten, ergötzte ihn ebensosehr wie der Besuch des kölnischen Puppenspiels, des Hänneschen-Theaters. Er zog die Volksbühne der feierlich-kultivierten Bühne vor, weil er Urwüchsiges liebte. Da er als Bayer nichts von der saftigen Mundart verstand, begleitete einer von uns Studenten ihn als Dolmetscher. Die erste Pointe fiel: alles lachte; Scheler lachte mit. Sofort danach waren die Zuschauer still, weil sie die nächste Pointe erwarteten. In dieser kleinen Pause flüsterten wir Scheler die hochdeutsche Übersetzung des ersten „Krätzchens" ins Ohr (so nennt man die kleinen kölschen Erzählungen). Da lachte er solo. Die Kölner dachten nun: da ist aber bei einem Besucher unseres Theaters spät der Groschen gefallen, und sie lachten über den leicht Zurückgebliebenen (das passierte einem Genie). Scheler lachte wieder mit. So lachte er über jeden Spaß dreimal und kam erschöpft aus dem Theater. Allmählich sprach sich rund, was für ein Zugereister dort saß. Die Puppenspieler schauten vor Beginn der Vorstellung durch das Loch im Vorhang und sagten: „Da sitzt wieder der Scheler; dann dauert es heute abend 'ne Viertelstunde länger."

Scheler war auch selber eines grotesken Humors fähig. Vor Portofino geriet er im Segelboot eines Bekannten in einen Seesturm. Das Schiff drohte unterzugehen. Da begann er Nachrufe auf seinen Tod zu formulieren: Kleines Welttheater um Kollegen.

Beim Bummel durch die Stadt ergriff es ihn oft jäh. Dann beschlagnahmte er im Café die Speisekarte und schrieb auf die Rückseite philosophische Aphorismen, aber auch, was ihn um Frauen bewegte. Manchmal setzte er auf den leeren Schlußblättern eines gerade gelesenen Buches seine phänomenologischen Erwägungen fort. Seinen Manuskripten gegenüber war er sorglos.

Die Problematik, die er in sich trug und austrug, schlug sich in seiner *Handschrift* nieder. Ludwig Klages analysierte sie etwas miesepetrig[147]: Schwanken zwischen Realpolitik und Geistigkeit; himmelnder Augenaufschlag verschwebender Oberzeichen und mittelpunktsflüchtige Züge. Anneliese Kranz-Groß kam zu differenzierteren Ergebnissen: Reichhaltigkeit und feingliedrige Gestaltung mit Unproportioniertheiten, Enthemmungen, Verschwommenheiten. Auseinanderstrebende Tendenzen. Polarität von selbstverlorener Introversion und um so heftigerer Extraversion. War er konsequenter Bindungen fähig? Gehörten die religiösen Züge wirklich zur Substanz seiner Persönlichkeit?

Eindrucksvoll – physisch wie psychisch – war seine *äußere*

Erscheinung. Er war mittelgroß und von kräftigem Knochenbau. Er hatte einen schweren Gang. Ein Freund von mir, der Scheler noch nicht kannte, sah eines Morgens im winterlich dämmrigen Hörsaal, wie ein Handwerker an der Kathederlampe herumschraubte. Der Handwerker sagte plötzlich: „Meine Damen und Herren" und begann über Philosophie zu reden. In der Tat sah Scheler gar nicht wie ein Professor aus. Damals schmückten sich viele deutsche Professoren mit dem Bart des Weisen. Er war glatt rasiert und zeigte sein Gesicht nackt.

Er hatte ein zwiespältiges Gesicht. Der Nacken vital mächtig, wie zum Beobachten vorgeschoben. Der Kopf straff gebaut; nicht mit feinen Zügen romantischer Geistigkeit, nicht edel, aber mächtig und explosiv. Das Kinn triebhaft-ungefüge; der Mund von Leidenschaften zerrissen. Gegensätzlich dazu die schön geformte Stirn und die großen blauen Augen, die manchmal unglaublichen Glanz ausstrahlten, Augen eines schauenden Menschen. Das Gesicht war alles in einem: von Gewalten durchfurcht, dann wieder voll gesammelter Ruhe, jetzt von einfachem und gütigem Ausdruck, dann in Scharfsinn wie zum Sprung ansetzend. Das Gesicht war ganz er selbst, und er war ganz aus unserer Zeit.

Einige Wesenszüge

Scheler hatte einen gewaltigen *Sachhunger* (darin war ihm Erich Rothacker verwandt), und er war (wie dieser) ein gewaltiger Leser wissenschaftlicher Bücher. Er konnte sie darum schnell auffassen, weil er ein ganzes Gefüge von Assoziationen bereit hatte, das ihm eine Einordnung des Wissensstoffes ermöglichte. Nichts blieb bloßer Stoff; er verarbeitete ihn gleich. Auch die Gedanken der anderen wurden agierende Lebewesen seiner geistigen Welt. Am liebsten hatte er diejenigen Bücher und diejenigen Gelehrten, die ihm neue Tatsachen zutrugen. Er sehnte sich nach einem von Theorien unverbildeten Faktenwissen.

Eigentlich *philosophierte er immer*. Ich traf ihn in der Sommerfrische in Freiburg; er zündete ein Streichhölzchen für seine Zigarette an und fragte, ob – nach Husserl – wohl jedes Ding, auch dieses, ein Wesen habe, und schloß eine komplizierte Kritik der platonisierenden Phänomenologie an. Wir erzählten ihm vom Phänomenologenspiel Freiburger Studenten mit dem zentralen Scheler-Thema „Liebe und Erkenntnis“ (vgl. S. 86). Ein vor lauter Wesensschau Erschauernder predigte die Hingabe an die Philosophie. Ihm antwortete ein nüchterner Kritizist: „Hingabe ist eine Angelegenheit sechzehnjähriger Mädchen.“ Dann ging es um den sogenannten phänomenologischen Streit; der eine sagt: „Ich sehe dieses Phänomen“, der andere antwortet: „Ich sehe dieses Phänomen nicht.“ Gibt es denn kein Kriterium der Wahrheit in solchem Durcheinander? Da trat der Engel Intuitiva aus der Sphäre des idealen An-sich-Seins auf. Unter seinen Augen sollten die Streitenden zu Wesensgesetzen vordringen, die unmittelbar einsichtig seien. Gelang dies, so ließ er die Evidenzklingel ertönen, die er in der Hand hielt, und trug das so Ermittelte in das „Wesensgesetzbuch“ ein, das er feierlich bei sich führte. Der Engel war inzwischen auf einen Tisch gestiegen, auf dem ein Stuhl stand. Dann kam das Riesenproblem; es ging um den Satz: „Man kann Tee auch mit kaltem Wasser aufgießen“ – war das nun ein Wesensgesetz? Da stieg der Engel zur letzten Verkündigung auf den Stuhl und entschied: „Es gibt auch Kausalgesetze.“ Jäh wurde es dunkel. Der Engel fiel vom Stuhl, und der Tisch brach unter ihm zusammen. Scheler lachte strahlend, weil das Spiel brüchige Stellen in der Phänomenologie aufdeckte, aber umwirbelte uns dann noch lachend gleich mit produktiven Fragen und Denkversuchen. Ich traf ihn zufällig eines Nachts im Quartier latin in Paris, und gleich begann er seine Gedanken über Paris zu entwickeln: Frauen und Liebesstile der einzelnen Völker; die seltsame Gabe der Franzosen, von großen Menschen der Vergangenheit so zu sprechen, als ob sie gegenwärtig seien und gleich das Zimmer betreten könnten; die Großstadt, die Weltstadt, und was an ihr neu sei, was es noch nie vorher gegeben habe usw. Es wurde drei Uhr nachts darüber. Er war von einer ruhelosen, glücklichen Produktivität.

Seinem ganzen Temperament nach war er ein *Entdecker*. Auch seine Schreibweise war die eines Entdeckers. Wenn er einen Gedanken zu formulieren begann, fiel ihm dabei so viel Neues ein, daß die Sätze aufgebläht und unübersichtlich wurden – sie konnten nicht mehr alles fassen, was er dachte. Man höre als Beleg einen Satz aus dem „Ewigen im Menschen“: „Im ungeteilten Ganzen der Person und im Kern der menschlichen Person – nicht wie jedes sonstige Kulturgebiet in einer der Teilfunktionen, Teilbegabungen, Teilbedürfnissen der Person und nicht auf Oberflächenschichten des seelischen Strömens – ruht zutiefst in uns jene wunderbare Spannfeder, die stetig, unter gewohnten regelhaften Umständen meist nur unbemerkt und ungeachtet, zum Göttlichen über uns selbst und über alles Endliche hinaus uns emporzuleiten, immerdar tätig ist."[148]

Was ist in diesem monströsen Satz nicht alles vereinigt an Theorien und Beobachtungen des seelischen Aufbaus, des Verhältnisses von Kultur und Religion, des religiösen Lebens, der Unterscheidung religiöser Akte von anderem Fühlen, was bindet der Satz methodologisch nicht alles zusammen – zurückweisende Polemik, negative Abgrenzung, positive Behauptung! Wie Scheler von einem Gedanken zum anderen fortstürzte, so stürzte er auch von einem Werk zum anderen weiter. Im Gegenwärtigen spürte er schon die Verlockung des Kommenden. Darum der ungestalte Bau seiner Schriften, das Hingewühlte und Verflutende. Reden konnte er viel besser als schreiben. Am besten redete er, wenn er sein Manuskript vergessen hatte und ihn im unmittelbaren Anblick seiner Hörer die Lust des Philosophierens ergriff (so geschah es einmal in Bonn). Er sagte von sich selber, daß ihm noch nie ein ganzer Satz gelungen sei, sondern nur mitunter ein Wort oder ein Bild. Er verglich sich einem Wildbach, der viel Geröll auf dem Grund mitführe. – Er konnte das Entdecken so wenig lassen, daß er in unserem Kreis noch unbekannte Menschen oft als ungewöhnlich fesselnde Persönlichkeiten schilderte. Lernte man sie dann kennen, so zeigte sich oft, daß er über sie hinaus entdeckt hatte; er sah sie interessanter, als sie waren, weil er sich Durchschnittlichkeit gar nicht vorstellen konnte.

Er hatte auch die *Demut* des Entdeckers. Als in den späten Kölner Jahren die letzte Odyssee seines Geistes begann, forderte er von den ihm Nahestehenden keineswegs, daß sie seinen Glauben teilten. Er betonte vielmehr die dreifache Fragwürdigkeit jeder Metaphysik: 1. sie fragt nach den entscheidenden und sich geschichtlich durchhaltenden Zügen des Seienden und nimmt, um ihrer ansichtig zu werden, den Unsicherheitsfaktor einer metaphysischen Reduktion der phänomenologischen Analysen in Kauf; 2. sie muß sich auch auf die Ergebnisse der Naturwissenschaften stützen; da nun diese dem Fortschritt unterworfen sind, kann den Setzungen der Metaphysik nur Wahrscheinlichkeitswert zukommen, nicht Evidenz wie den Wesenseinsichten. Er hält aber für unerläßlich eine „Metaphysik erster Ordnung", die sich aus den Grenzproblemen der Naturwissenschaften, z.B. aus der Frage nach dem Wesen der Materie oder des Lebens, bildet; 3. zur „Metaphysik zweiter Ordnung", nämlich zur Bestimmung des Weltgrundes, gelangt die Philosophie durch die transzendentale Konklusion – ein weiterer Unsicherheitsfaktor. In diesem Verfahren zieht nämlich der Philosoph der „ersten Metaphysik" und der philosophischen Anthropologie einen Schluß auf die wahren Attribute des obersten Grundes aller Dinge[149]. Fragwürdig öffnet sich dabei der Spielraum persönlichen Dafürhaltens. Aus all diesen Gründen war sich Scheler darüber klar, daß eine Metaphysik nur den geistig und persönlich Wesensverwandten annehmbar sei.

Im Grunde aber war er mehr als ein Entdecker: ein *Genie*. Wir beschrieben das Genie so (S. 28f.): es eröffnet uns den Weg zum Grund des Daseins; es hat eine ursprüngliche Erfahrung; es zeigt uns das Ganze von Natur und Mensch – nicht harmonisierend, sondern berührt auch von den vielen Unlösbarkeiten. Auf Grund dieser Problemlage war in unserem Versuch eine ausführliche Gesamtdarstellung der Lehre Schelers notwendig. Im Vergleich zu den Bemerkungen über Rothacker und Clemen nimmt sie den größeren Teil ein. Beim Entdecker genügt es, den Elan des Entdeckens spürbar zu machen, sein Ergriffensein von vielen Dingen. Das Bewahren und Erretten wird in Hinweisen auf gewisse Gebiete, Krisen und Ziele deutlich, ohne daß etwa ein Bereich der Kunstgeschichte eingehend behandelt werden müßte. Aber das Genie ist sichtbar erst aus der Ganzheit, Einheit und Offenheit seines Weltverständnisses. Als Scheler in der Kölner Universität 1921 über „Vorbilder und Führer" las[150], stand ihm im Mittelpunkt nicht der Heilige, geschweige denn der Wirtschaftsführer oder der Staatsmann, sondern der Genius. Diese Stunde ergriff die Hörer und bewegte ihn selber, weil sie sein Innerstes berührte. Er setzte auseinander, daß Vertreter der Naturwissenschaften weithin ersetzbar seien; ihre Entdeckungen seien nicht abhängig vom Kern ihrer Person, während das einem Menschen philosophisch Erfragbare und Erfaßbare von seinen Personqualitäten bestimmt werde. Er fügte hinzu, daß die Leidenschaft zur Sachhingabe die Objektivität nicht erschwere, sondern überhaupt erst ermögliche. Im reinen Denken erfasse man die Dinge nur blaß und von außen, aber in der liebenden Anschauung voll und von innen. Daimónión ti – er zitierte gern dieses Platonwort, und wir hörten dazu, was Alkibiades über Sokrates sagte: „Wenn ich Perikles und andere tüchtige Redner hörte, so fand ich, daß sie gut reden, und nicht wurde mir die Seele erschüttert." Aber Sokrates richtete mich oft so zu, „daß ich glaubte, ich könne nicht leben, da ich so bin, wie ich bin"[151]. Edith Stein (1891–1942) – Assistentin Husserls, seit 1932 Karmeliterin in Köln, 1942 als Jüdin im Konzentrationslager Auschwitz ermordet – schrieb unter dem Eindruck der Begegnung mit Scheler[152]: „Nie wieder ist mir an einem Menschen so rein das ‚Phänomen der Genialität' entgegengetreten."

Es wird eine Persönlichkeit

1. GEGENWELT

Wir vergegenwärtigten uns drei exemplarische Persönlichkeiten; sie machen uns bewußt, daß wir in einer gefährlich personwidrigen Welt leben.

Der Mensch droht zur *Nummer* zu werden: 1977 starb in Köln eine alte Frau; ihr Sohn meldete den Tod seiner Mutter gleich bei der Rentenversicherung. Sie aber zahlte auf das Konto der Verstorbenen unentwegt weiter, zehn Monate lang. Der Grund: es war nicht ihre Versicherungsnummer angegeben. Der Computer kannte nur Ziffern und speicherte die Ziffern für etwa eine Million Versicherter; da half kein Name. Erst als man dem Computer die Nummer eingab, fand er sich zurecht.

Es bestand 1977 der – schließlich von der Regierung verworfene – Plan, einen *Bundescomputer* zu schaffen. Jeder Bürger sollte eine zwölfstellige Nummer erhalten und unter ihr in sämtlichen amtlichen Datenspeichern geführt werden. Die Mechanisten jubelten; dann könnte man sogar Leute mit Allerweltsnamen wie Fritz Müller ohne weiteres ermitteln, und Verwechslungen seien ausgeschlossen.

Doch abgesehen vom Bundescomputer: 1977 waren bereits 22000 Computer für Behörden, Firmen und Verbände tätig. Sie sammelten etwa 20 Milliarden *Daten* über die Bundesbürger, im Durchschnitt 300 über jeden. So hatte man etwa in der Werbung die frisch Verheirateten, die Weintrinker, die Reisefrohen, die Freunde antiquarischer Bücher, die Schmecklecker der Pornographie, die Verfetteten usw. gleich fest im Griff[153].

Schon Jahrtausende, bevor der Mensch in so radikaler Weise errechnet wurde, war die Persönlichkeit bedroht: sie ging oft unter im *Rollenspieler* (vgl. S. 11 f.). Der Rollenspieler ist ein Typ und nicht er selbst; er bemüht sich, seinen Typ möglichst vollkommen darzustellen. So ist er z. B. ganz „guter Bürger“ oder ganz „korrekter Beamter“ oder ganz „Moralist“ mit steifem Rückgrat und leise angehobenem Kopf. Das heißt: er geht auf in einer Sache und verliert sich darüber als Mensch. Nicht mehr *er* spricht: dieser Besondere, sondern „*es*“ tönt aus ihm: die Rolle. Ein Priester scheitert, wenn er nur Rollenspieler ist; auch ein Papst scheitert, wenn er nur ein pontifikales Auftreten hat. Ein Wirt macht bankrott, wenn er sich ausschließlich wirtstechnisch benimmt und nicht mehr als ein origineller Kerl den Zapfhahn bedient.

Der echten Persönlichkeit ist die *Schein-Persönlichkeit* entgegengesetzt. Viele halten sich für eine Persönlichkeit, nur weil sie Erfolg haben. Oder sie haben keinen Erfolg und halten sich ebenfalls für eine Persönlichkeit, weil sie sich verkannt vorkommen wie zahlreiche erst spät berühmt gewordene Leute. Auf die eine oder die andere Weise in sich selbst Verliebte gebärden sich manchmal geräuschvoll als wilde Ausnahmen und verwechseln dies Theater mit Strahlkraft.

Der echten Persönlichkeit ist der *Fanatiker* entgegengesetzt, der, unduldsam bis zur Rücksichtslosigkeit, seine dogmatische Überzeugung vertritt, zum Austausch von Gedanken nicht bereit. Die Persönlichkeit hingegen ist offen, will nichts erzwingen, stellt sich, hat keine Angst, scheut sich in gewagten Lagen nicht, vorne in der kühlen Luft zu stehen, vielleicht allein. Wenn nötig, ist sie auch unbeugsam, doch nicht wie der Fanatiker auf gefesselte Augen reduziert.

2. VERHALTENSWEISEN

Hören wir zur Einstimmung in die Problemlage einige Sätze des Aristoteles! Er spricht vom „Hochsinnigen“ etwa wie wir von „Persönlichkeit“. Der „Hochsinnige“ sei ein offener Hasser und ein offener Freund. Er verstecke sich nicht. Nur die Furcht verstecke sich. Die Erinnerung an erlittene Beleidigungen plage ihn nicht, da er sich nicht viel mit Erinnerung aufhalte[154].

Zur Persönlichkeit gehört eine gewisse *Naivität.* Sie bewegt sich nicht gern in einem Gefüge fertiger Vorstellungen, sondern weiß das Vorgeprägte beiseite zu schieben und frisch, einfach anzufangen. Eine solche produktive Kindlichkeit hatten z. B. Rothacker und Scheler – bei hoher Intelligenz und bei kompliziertem Scharfsinn.

Geistige *Neugier* treibt die Persönlichkeit. Sie möchte gerade das wissen, was nicht schon alle wissen. Sie möchte handeln gerade nicht nach festgelegten Methoden oder Plänen, sondern aus einem Beginn. Sie hat die Gabe der Erstmaligkeit im Erkennen und im Tun.

Dabei geht sie manchmal über die Grenze dessen hinaus, was sie leisten kann – nicht in subjektiver Überanstrengung, sondern aus einem wesenhaften Verlangen: auch wenn sie das Maß ihrer Zeitgenossen weit übertrifft und vielleicht ein monumentales Gesamtwerk aufzuweisen hat, begleitet sie das Bewußtsein der *Unerfüllbarkeit.* Sie ahnt, was sie, was der Mensch schlechthin nicht erfüllen kann.

In all ihren Akten ist sie *von der Sache gefesselt* und darum von sich selber abgewandt. Sie findet das Leben viel zu interessant, um Nabelschau zu betreiben. Es lockt sie, was außerhalb ihrer ist, was sie nicht selber ist.

Auf ihren schwierigen Wegen und in den Schwierigkeiten menschlicher Beziehungen ergreift sie manchmal *Verzweiflung.* Sie ist alles andere als selbstgewiß oder ausgeglichen; sie existiert nicht in einem gesicherten Gehäuse. Der Aufruhr um sie und in ihr beugt sie oft. Aber indem sie verzweifelt, wird sie wieder lebensvoll: trauriger und weiter geworden, geht sie von neuem den Weg aus ihrem „Nichts" in ein „All".

Es gibt keine Persönlichkeit ohne *Mitwelt.* Das ist nicht nur objektiv zu verstehen: daß sie für andere da ist und auf sie wirkt. Es ist auch subjektiv zu verstehen: daß sie überhaupt erst sich entwickelt aus mitmenschlichen Zusammenhängen. Sie braucht das Gespräch; deshalb ist es persönlichkeitswidrig, wenn heute Gespräche selten geworden sind. Menschen treffen sich heute oft nur unter Schwierigkeiten, nachdem es Mode geworden ist, stadtfern und am Rande zu wohnen (ein Wink für Universitätsprofessoren, die, in die Natur entrückt, kaum mehr Menschen und im wesentlichen nur noch Bäume sehen). Die Persönlichkeit braucht Freundschaft, von der Aristoteles glaubt, daß sie für das Leben das Notwendigste sei[155]: „Das höchste Recht wird unter Freunden angetroffen." Sie braucht Liebe – aber nicht in dem die Frau unterschätzenden Sinne des Aristoteles: „Die Freundschaft liegt mehr im Lieben als im Geliebtwerden." Wenn

Mann und Frau beide Persönlichkeiten sind, entfällt der Unterschied zwischen Liebe und Geliebtwerden. Manchmal haben bedeutende Menschen primär aus der Liebe gelebt. Wirken und Werk kamen ihnen an Rang erst danach und waren geworden, getragen, angezweifelt, gereift in Akten gegenseitiger Liebe. Heute hat „man" nicht mehr viel Zeit für Liebe. Sie beschränkt sich häufig auf Sexualität und wird von vielen nur als Dosis Lust oder Hygiene oder Leistungssport aufgefaßt.

3. PERSÖNLICHKEIT – EINE ZEITLANG

Persönlichkeiten sind einige zeitlebens, andere nur eine Zeitlang. Dann steigert sie eine außerordentliche Lage; alles Mittelmaß fällt im Unmaß der Anforderungen von ihnen ab. Sie handeln ebenso kühn wie klug, erstmalig wie einmalig. Vergeht diese Spannung um ein Ganzes und Eigentliches, treten sie wieder in ihre Begrenztheit zurück.

So geschah es öfters im *Dritten Reich.* Clemens August Graf von Galen (1878–1946), Bischof von Münster, war z. B. nicht durch besondere Gaben des Geistes oder der Menschenführung ausgezeichnet. Aber er wuchs über sich selbst hinaus, als er sich von seinem Gewissen gedrängt fühlte, Nationalsozialisten in Hirtenbriefen und Predigten furchtlos anzugreifen; die ihn hörten oder lasen, nannten ihn den „Löwen von Münster", weil er ihnen Halt, Trost und Licht in mörderischen Verhängnissen bot. Auch Wilhelm Neuß (1880–1965), Professor der Kirchengeschichte an der Universität Bonn und ein vorzüglicher Kenner spanischer Buchmalerei im ersten Jahrtausend, war im Grunde ein mittelmäßiger Mann, kein guter Redner, „in seinen Schriften oft breit und umständlich". Eine irenische Natur, versagte er es sich um des Friedens willen, Fehlentscheidungen in der Geschichte der Kirche klar zu bezeichnen: die Suche nach dem vielleicht nur versteckten Guten ließ dann die Konturen seiner historischen Darstellung „manchmal unscharf werden"[156]. Als nun Alfred Rosenberg (1893–1946) sein Buch „Der Mythus des 20. Jahrhundert" 1930 veröffentlichte (vgl. S. 52) und dieses wissenschaftlich bodenlose Pamphlet „Katechismus und Kampfschrift der antichristlichen Propaganda" wurde[157], Grundlage auch in den weltanschaulichen Pflicht-Schulungskursen der Fachschaften an der Universität Bonn, tat sich Neuß mit einigen Mitarbeitern zusammen und legte 1934 als amtliche Beilage zum „Kirchlichen Anzeiger für die Erzdiözese Köln" präzise und in der Problemstellung umfassende „Studien zum Mythus des 20. Jahrhunderts" überraschend der Öffentlichkeit vor. Die einzelnen Beiträge waren namentlich nicht gezeichnet, weil sonst ihre Verfasser ihren Beruf verloren hätten und wahrscheinlich im Gefängnis gelandet wären. Nur Neuß machte aus seiner Urheberschaft des kirchengeschichtlichen Teils nie ein Hehl. Mein Exemplar trägt noch das Impressum „Herausgegeben von dem Erzbischöflichen Generalvikariat". Aber der damalige Kardinal Karl Joseph Schulte (1871–1942), dem man insgesamt nicht Feigheit vorwerfen kann, der z. B. Hitler ins Angesicht hinein widersprach, zog Oktober 1934 seine Zustimmung zur Publikation der „Studien" als einer amtlichen Publikation des Kölner Ordinariates zurück, weil er befürchtete, die Partei werde ihm den Mißbrauch des Reichskonkordates (Artikel 4, Absatz 2) vorwerfen und den Kölner „Kirchlichen Anzeiger" verbieten. Da sprang Graf Galen in Münster ein und übernahm amtlich die Verantwortung für die Verbreitung der Schrift. Die Umstände wurden nun abenteuerlich: Überwachung von Post und Telefon bei Druckereien, den mutmaßlichen Autoren und den leitenden kirchlichen Stellen / Beschlagnahme der Exemplare und dennoch Auslieferung / Druckverbot und dennoch Weiterdruck / Hausdurchsuchungen und Verhaftungen / Peinigung des Verlags J. P. Bachem in Köln bis an die Grenze der Vernichtung. Doch Auflage folgte auf Auflage. Die Hefte gingen von Hand zu Hand und gelangten auch in andere Länder. Positive Besprechungen brachten 1934 führende Organe in Frankfurt, Berlin und der Schweiz. Rosenberg schrieb wütend eine Erwiderung „An die Dunkelmänner unserer Zeit", und seine Freunde nannten die „Studien" die größte und gemeinste Hetzschrift gegen ihn, „den Künder der Idee des Führers". Währenddem wurden die Ergebnisse von Neuß und seinen Getreuen für Broschüren ausgewertet, die an den Kirchtüren zur Verteilung kamen – an die 17 Millionen Stück. Neuß schritt ruhig und gelassen durch die Tumulte, als ob Engel ihn behüteten, und hielt noch ergänzende, stürmisch besuchte Vorträge zu den gleichen Themen. In einem Rückblick sagte er 1947, in dem atemraubenden Wettlauf zwischen Wagemut und lauerndem Verrat habe der Wagemut gesiegt – freilich nur bis 1935; dann war es mit dem Druck der „Studien" aus. Nach dem Zweiten Weltkrieg erlebten wir nur noch den lauteren, stillen Neuß – ohne hervorstechende Eigenschaften.

Einige werden Persönlichkeit eine Zeitlang durch Mut; aber Mut ist nicht Inbegriff der Persönlichkeit.

4. PRAXIS

Persönlichkeiten haben etwas Ursprüngliches. Aus ihrer Ursprünglichkeit blicken sie über sich hinaus und stehen für allgemein Bedeutsames ein. Sie vermögen es nur darum, weil sie unbedingt sie selber bleiben (S. 28). Solche Gaben und Taten können sich überall entfalten – in der Familie, der Wirtschaft, der Politik, keineswegs nur in den Wissenschaften, im Bereich des sogenannten objektiven Geistes, sondern gerade auch in der Praxis. Oft freilich bleibt dies verborgen oder ist nur eine Zeitlang bekannt. Oft finden die Persönlichkeiten der Praxis nicht die angemessene Darstellung ihrer Eigenart und die lebendige Überlieferung ihrer Leistung. Dann verblaßt ihre Erscheinung schon kurz nach ihrem Tode, und sie werden unanschaulich; sie sind bald vergessen.

Unter so einschränkenden Umständen ist die Wahl eines passenden Beispieles schwer. Wenn wir uns nun dem Kölner Kardinal Frings zuwenden, so ist damit nicht gesagt, daß er schlechthin einzigartig wäre; es mag noch manche andere geben, die es ihm im Rang menschlich-kräftiger Praxis gleichtun. Aber er steht besonders deutlich vor uns.

Joseph Frings wurde 1887 in Neuß als Sohn eines Fabrikanten geboren. Er war unter vielen Aspekten in der Seelsorge tätig und lernte dabei u.a. Arbeiter, Bauern und Waisenkinder gründlich kennen. Er war 55 Jahre alt, als der Papst ihn 1942 zum Erzbischof von Köln ernannte. Die Nazis verboten damals jeglichen Bericht über den Weihegottesdienst im Kölner Dom, den 20000 Menschen füllten. Aber zufällig fand sich hinterher doch ein Hinweis, und zwar im Anzeigenteil einer Zeitung: „Handtasche bei der Bischofsweihe im Dom verloren mit Bild meines Bräutigams und 20 Mark. Nur um Rückgabe des Bildes wird gebeten."

Frings war schon als Pfarrer mit den Nazis aneinandergeraten; im Verlauf der Auseinandersetzung warf ihm 1931 ein Mann einen Aschenbecher an den Kopf, der eine noch heute sichtbare Narbe hinterließ. Der Mann war der spätere NS-Oberbürgermeister von Köln. Am 12. März 1944 hielt Frings eine scharfe Predigt gegen die Verletzung der Menschenrechte bei der Verfolgung und Ermordung der Juden, wovon man damals erst spät Kenntnis erhalten hatte.

Auf Köln konzentrierten sich schon lange die Fliegerangriffe im Zweiten Weltkrieg. Frings sorgte unermüdlich für Bombengeschädigte und Flüchtlinge. Er selber verlor mehrere Male sein Heim, schlief, das Allerheiligste auf einem Hocker neben sich, im Kohlenkeller, erlebte einmal neben sich den Tod zweier Ordensschwestern und flüchtete schließlich mit einem Köfferchen und einem Stahlhelm als letztem Besitz aus dem brennenden Haus zu Verwandten. Auch in den äußersten Schrecknissen verloren die Kölner nicht ihre Lebenskraft. Vor einem völlig ausgebrannten Haus stellte einer in schwarzem Humor eine Tafel mit der Inschrift auf: „In diesem Hause findet am 31. Dezember 1945 eine Silvester-Feier statt; Fußboden bitte mitbringen." Vor dem von Bomben durchlöcherten Kölner Dom wurde 1945 ein Silvester-Gottesdienst veranstaltet. Inmitten der Trümmer strömten Massen von Menschen trotz Kälte und Hunger zusammen – einfach weil sie über den Krieg hinaus leben, weil sie endlich wieder Lebenswertes erleben wollten. An der Spitze des Domkapitels trat der Erzbischof in großem Ornat vor das Eingangsportal des Domes. Feierlicher Chorgesang begleitete ihn. Da hob Frings überwältigt seinen Bischofsstab leicht an und rief: „Pruß Neujohr!" Unendlicher Jubel! Erst nach geraumer Zeit konnte der Chor liturgisch weitersingen: „Jube, Domine, benedicere!"

Frings gewann nicht zuletzt seine Kraft aus seiner rheinischen Natur, die er selbst bei feierlichen Anlässen mit leise rheinischem Akzent zur Geltung kommen ließ. Als er 1950 aus dem wiederhergestellten und erstmalig wieder geöffneten Seitenschiff der Kölner Kirche St. Maria im Kapitol mit Gefolge herauskam und im Spalier einen kölschen Jungen stehen sah, der beide Hände in den Taschen hielt, schwenkte der Kardinal aus der Prozession aus, reichte dem Jungen die Hand und fragte lächelnd: „Häs do immer de Häng (Hände) en de Täsch (Tasche)?" Diesen volkstümlichen Mann nennen die Kölner stolz „unseren Frings" oder noch herzlicher „ons Jüppche". Als einmal zwei Jungen auf der Straße zu ihm traten und sagten: „Mer (wir) kenne Üch", antwortete er: „Dann sagt et ävver keinem wigger (weiter)!" An der Spitze des Kölner Karnevals steht das „Dreigestirn": Prinz, Bauer und Jungfrau, welch letztere von einem Mann dargestellt wird. 1967 empfing Frings das Dreigestirn, um von ihm einen Fastnachtsorden entgegenzunehmen; auch so nahm er das Leben ernst.

Der 1946 zum Kardinal Ernannte trat entschlossen auch der Besatzung entgegen und nannte Plünderungen, Morde, Hungersnot, Vertreibungen bei Namen. Er bat den britischen Stadtkommandanten von Köln, deutsche Familien nicht zugunsten britischer aus ihren Wohnungen zu verjagen: „Sollte meiner Bitte nicht willfahrt werden, so bitte ich, vor dem Hause Bayenthalgürtel 31, in dem ich mit meinen Angehörigen zur Miete wohne, nicht haltzumachen. Ich werde dann versuchen, in den Trümmern des Erzbischöflichen Palais an der Gereonstraße mich einzurichten." Er trat für die Rückführung der Kriegsgefangenen, wenigstens für ihre sofortige menschenwürdige Behandlung ein. Er predigte in der Londoner Westminster-Kathedrale gegen die These von der Kollektivschuld Deutschlands, in Einsiedeln, Utrecht, Lourdes für die Überwindung der alliierten antideutschen Haltung. Es ging auf ihn zurück, daß in Kanada ein „Kardinal-Frings-Fonds" für die notleidende deutsche Bevölkerung gegründet wurde; er bat dort u. a. um Windeln für die Kinder und fügte hinzu: „Es können auch Servietten sein." Als hochbeladene Züge in ununterbrochener Folge Kohlen zu den Alliierten fuhren, entschied er, daß, wenn sich jemand in der harten Kälte von den Wagen etwas Hausbrand nehme, dies ein Akt berechtigter Notwehr sei. Man nannte das damals nicht „stehlen", sondern „fringsen". Das „Wörterbuch der deutschen Umgangssprache"[158] bemerkt dazu: „fringsen *intr* in der Not zur Selbsthilfe greifen, auch bei offenem Verstoß gegen behördliche Anordnungen. Bezieht sich auf eine Äußerung des Kölner Kardinals Frings nach 1945, der beispielsweise das Ausrauben der Auslandszüge mit deutscher Kohle durch Familien ohne ausreichenden Hausbrand als einen Akt berechtigter Notwehr verteidigt hat. Rheinisch zwischen 1945 und 1948." Noch in einem amerikanischen Buch von 1976 klingt der Groll der Besatzungsmächte gegen Frings nach[159].

Was er an Unterstützung in abschüssiger Zeit aus der Welt empfangen hatte, suchte er der Welt zurückzugeben durch die Gründung der Hilfswerke „Misereor" für die Entwicklungsländer seit 1959 und „Adveniat" für Lateinamerika seit 1961. So blieb sein Blick nicht nur auf Europa beschränkt, sondern ging nach Indonesien, Japan, Vietnam, Südafrika. In vielen Ländern sprang er den Menschen bei und machte ihnen Mut, wie er nach 1945 den Kölnern Mut zu einem neuen Leben gemacht hatte. Um so mehr bedrückte ihn im heutigen Europa der Materialismus: Geld und Genuß als letzte Werte.

Frings ist klein und schmal. Er hat ein scharf geschnittenes, hageres Gesicht. Er blickt die Menschen gütig, aber zugleich auch lustig-listig an. Er schwimmt gern. Er ist musikalisch, spielt selber Geige und hat auch für neue Musik etwas übrig. Noch als 66jähriger bestieg er 1953 einen Viertausender in den Walliser Alpen, was sich zum ersten Mal bei einem Kardinal ereignete. Er kennt und liebt Shakespeare. Seit 1969 verdüsterte sich sein persönliches Schicksal: er erblindete immer mehr.

Eine Zeit neuer höchster Anspannung begann für ihn mit dem Zweiten Vatikanischen Konzil, das in den Jahren 1962 bis 1965 sich um die Selbstbesinnung der katholischen Kirche, ihr Verhältnis zu den anderen christlichen Kirchen und den Juden, um ihre Stellung in den Weltreligionen und zur Religionsfreiheit bemühte. Frings wurde einer der fortschrittlichsten Führer; seine entschiedenen, in lateinischer Sprache gehaltenen Reden schonten niemanden – weder die mächtige Kurie noch den manchmal schwankenden Papst[160]. Einmal heißt es in einem Bericht: „Die entscheidende Intervention kam von Kardinal Frings" (I 154). Als Oktober 1964 das Konzil das Verhältnis der Kirche zu den nichtchristlichen Religionen allzu dürftig behandelte und unter seinen Teilnehmern deshalb geradezu eine Krisis ausbrach, veranlaßte er einen Brief an den Papst, der mit den Worten „Magno cum dolore" (Mit großem Schmerz) begann und der den Papst betrübte, ja tief beunruhigte (II 449f.). Er forderte ein Umdenken im Verhältnis der Kirche zu den Juden; das Verhältnis von Kirche und Synagoge sei ein Stiefkind der Theologie (II 425). Christus der Gekreuzigte habe die Trennungsmauer zwischen Juden und Heiden niedergerissen (II 443). Er bedauerte, daß viele Aussagen über die Kirche zu ausschließlich an juridischen Aspekten hingen (I 140), und sprach von der „kalten juridischen Härte" (I 142) in vielen Äußerungen der Kirche. Er hielt ihre Verwaltung, die Kurie, für reformbedürftig: man solle doch die Verwendung von Bischöfen und Priestern einschränken und mehr Laien heranziehen. Vor allem aber kritisierte er scharf das Heilige Offizium, die älteste und oberste Kardinalskongregation für die Reinerhaltung der katholischen Glaubens- und Sittenlehre (II 133): seine Weise des Vorgehens sei in vielen Fällen dem Empfinden unserer Zeit nicht gemäß, gereiche der Kirche zum Schaden und errege bei Nichtkatholiken Anstoß. Kein wegen seiner Glaubenshaltung Angeklagter dürfe verurteilt werden, bevor er und sein Oberhirte gehört und die gegen ihn und seine Schriften vorgebrachten Gründe mitgeteilt seien. „Die in diesen Forderungen liegende Kritik an der Verfahrensweise des Heiligen Offiziums wies Kardinal Ottaviani mit hoher Stimme zurück, blieb aber eine sachlich begründete Widerlegung schuldig." Frings wandte sich gegen klerikale Vormundschaft und bedauerte es, daß in vielen Dingen den katholischen Laien nicht der gebührende Platz eingeräumt werde, nicht einmal in jenen Bereichen, in denen sie sachverständiger als die Kleriker seien (I 114). Immer wieder sprach er aus der fundamentalen Erfahrung, daß der Mensch heute nur noch sich selbst begegne (III 339) und daß von dieser Voraussetzung her die Kirche handeln müsse.

Das weitgespannte Wirken von Frings ist darum so durchaus menschlich, weil er selber menschlich ist, und zwar in rheinischer Spielart. Machen wir zum Schluß noch einige Mitteilungen dazu! Kardinäle haben es schwer wegen der Würde. Einige werden darüber zur Rollenfigur (vgl. S. 129f.) – steif wie der Stoff ihrer Mitra. Frings nicht. Er hat z.B. außer mannigfachen Vorlieben wie Schwimmen, Bergsteigen und Musizieren mitunter auch tadelnswerte Angewohnheiten; so kippte er eines Tages die Zigarettenasche aus dem sommerlich geöffneten Fenster eines von Nonnen verwalteten Hauses mit schöner Regelmäßigkeit in den Hof, bis ihn die Nonnen höflich, aber bestimmt darauf aufmerksam machten, daß er schließlich kein netter schlaksiger Junge sei, sondern Kardinal.

Frings verhält sich menschlich selbst dem Bischofsstab gegenüber. Im Lexikon lesen wir, daß der Bischofs-, Hirten- oder Krummstab ein oben spiralförmig geschwungener Stab ist, der, kunstvoll hergestellt, aus edlem Metall besteht. Der Bischof trägt ihn bei feierlichen liturgischen Handlungen, die Krümme dem Volk zugewandt, in der Linken als Sinnbild des bischöflichen Hirtenamtes. Aber ein solcher Stab gibt auch Transportprobleme auf. Der Kardinal fährt beim Besuch einer Stadt an der Hauptkirche in vollem Ornat vor. Frings erzählte mir, er könne sich nicht erst vor Ort hochliturgisch anziehen; das behindere den Ablauf des Gottesdienstes. Doch wie den langen Hirtenstab im Auto unterbringen? Eine Kölner Goldschmiedin hatte für Frings einen besonders schönen Bischofsstab angefertigt, und der war außerdem praktisch; er ließ sich nämlich auseinanderschrauben. Frings führte es mir persönlich vor. Ja, ihn erfreute sichtlich die auseinanderzuschraubende Würde.

Joseph Frings hat eine gewinnende Unbefangenheit. Eines Tages kam zu ihm in die Privataudienz ein gelehrter Mann namens Schäfer. Frings öffnete die Tür, sah ihn und rief spontan: „Ich bin hocherfreut: Sie sind ja der Archivrat Schäfer und nicht – wie ich befürchtete – der Neutestamentler Schäfer von der Bonner Universität." Der Professor, mit dem ich befreundet war, wird mir gewiß vom Himmel her zustimmen, wenn ich ihn einen „scharfen Hund" nenne. So hatte er dem Erzbischof in bezug auf die Erziehung junger Theologen entschieden widersprochen.

Die Unbefangenheit verlor der Erzbischof auch nicht bei erhabenen Staatsempfängen in der damals vorläufigen Bundeshauptstadt Bonn. Auf einem solchen Empfang erschienen er und der Nuntius das eine Mal in großer Aufmachung (wir erklärten ihn zur bestangezogenen Dame des Abends). Das andere Mal aber kam er in schlichtem klerikalem Schwarz. Ich sagte ihm, die Einfachheit seines Anzugs erinnere mich an ein Geschehen im Hause meines Verlegers. Der zehnjährige Sohn des Verlegers erzählte in der Schule seinem Vetter: „Gestern besuchte uns ein chinesischer Prinz; aber er hatte sich als

Mensch verkleidet." „So auch Sie, Herr Kardinal", fügte ich hinzu. Er antwortete: „Ach, Sie meinen, weil ich nicht die Grande Tenue trage ... Das habe ich so mit dem Nuntius verabredet. An so was muß man zeitig denken."

Wie steht nun Frings zu den Traditionen und zur Autorität der Kirche? Ist schwer zu sagen; vielleicht machte er eine Entwicklung durch. Nach 1945 erzählte mir Konrad Adenauer, er habe 45 Minuten lang über die Erziehung der Kleriker mit Frings gesprochen; er, Adenauer, halte sie für falsch. Statt Häretiker dritten Ranges zu lernen, sollten sie sich ein Bild unserer Welt verschaffen. Das Studium der Soziologie und der Naturwissenschaften sei nötig. Auch wüchsen sie zu abgekapselt auf; Pastorate und Kaplaneien seien problematisch. Kleriker gehörten eher in Siedlungswohnungen hinein, damit sie heutige Menschen in ihrem Alltag kennenlernten. „Was sagte der Erzbischof darauf?", fragte ich. Adenauer antwortete: „Er sagte: ‚Sehr interessant', sonst nichts." Das klingt nicht aufbruchswillig.

Aber ein anderes Mal lernte ich ihn gerade umgekehrt als durchaus gegenwartsbezogen kennen. Der Existenzphilosoph Max Müller (geb. 1906) sollte an die Bonner Universität kommen. Damals veranstaltete der „Osservatore Romano", von keiner Sachkenntnis getrübt, ein Riesenspektakel gegen die angeblich kirchenfeindliche Existenzphilosophie. Davon ließ sich Frings nicht beirren: er werde es begrüßen, wenn die jungen Theologen Max Müller hörten, und sein Kollege in Freiburg – Erzbischöfe reden sich untereinander mit „Kollege" an – vermisse Max Müller bestimmt sehr, falls er von Freiburg nach Bonn gehe.

Ideologien kränkelten ihn nicht an, auch neueste nicht. Zeit um 1970. Revolutionäre Jugend; auch unter den Jungkaplänen. Einer forderte in einer Versammlung, der der Kardinal beiwohnte, energisch die Abschaffung reaktionärer Anreden in der Kirche, wie „Heiligkeit, Eminenz, Exzellenz!" Die schlichte Berufsbezeichnung sei das richtige, man solle einfach „Herr Erzbischof" sagen. Da trat der Kardinal auf den Reformer zu und sagte: „Sie haben mich mit der Anrede ‚Herr Erzbischof' merkwürdig aufgewertet. Wenn ich durch Köln gehe, sagen die Leute einfach: ‚Do kütt (kommt) dr Frings!'"[161]

Es wäre ein Buch nötig, um die eigene Art zu schildern, in der Frauen Persönlichkeiten sind – fern den Schemata Gattin / Mutter / freiwillig Unverheiratete / unfreiwillig Ehelose. Die Spannweite ihrer menschlichen Erfüllung reicht von den in Einfachheit bedeutenden Frauen über die in der Öffentlichkeit beziehungsvoll Wirkenden bis zu den schöpferischen Naturen.

Hin und wieder erzählt uns jemand, seine Mutter oder seine Großmutter sei eine Persönlichkeit gewesen – in einer Familie oder auf einem Hof, im Besorgen der *Alltäglichkeit*. Vielleicht verfügt er nicht über die Sprache, diese Vorgänge angemessen mitzuteilen. Vielleicht führt ihn auch die Liebe des Sohnes oder die Verliebtheit des Enkels zu einer Überhöhung der Tatsachen. Vielleicht aber geschah hier wirklich Außerordentliches. Wie wollen wir solcher anonymen Geschehnisse inne werden? Manchmal hilft uns der Roman, weil er in epischer Vielfalt den Menschen in seiner Umwelt und Mitwelt zu zeigen vermag – Gestalt, Gang, Stimme, alle Stimmungen zwischen Seligkeit und Verzweiflung, den ganzen Weg vom ersten Erblühen bis ins problematische Alter hinein. Meistens freilich gehen die Romanschriftsteller, im Gegensatz zu der uns umgebenden Realität, von einer zugespitzten Situation aus, weil sie wesenhaft Menschliches auf diese Weise deutlicher machen möchten. So erzählt Peter Dörfler (1878–1955) in seiner „Apollonia-Trilogie" (1930–1932) von einer opferbereiten kinderlosen Frau, die das Erbe des Geschlechts bewahrt[162], drei Generationen hindurch. Die Neunzehnjährige übernimmt Arbeit und Verantwortung der verstorbenen Mutter und erfüllt diese Aufgabe bis ins Greisenalter, bis in die Nähe des Todes. „So wird sie den Ihren alles: Planerin und Wirtschafterin, Erzieherin und Stellvertreterin der Mutter, Beraterin und Ärztin, Führerin ins Rechte und zum guten Ende."[163] In der Vielfalt der Gestalten stellt sich die ungeheure Vielfalt menschlicher Naturen und Schicksale dar. Das alles wird verstanden von Gott her und zu ihm hin. – In einer anderen und tieferen Weise geht die Gestalt der Großmutter in Gertrud von Le Forts (1876–1971) Roman „Das Schweißtuch der Veronika" (1928)[164] über eine fast normale familienhafte Situation hinaus: weil sich in ihr die ganze Kraft des heidnischen Rom sammelt, als ob sie reine Gegenwart sei – in einer Frau „voll von jener Anmut des Alters, welche man Würde nennt, und voll von jenem alle Formen verfeinernden und steigernden geistigen Leben, welchem die Jahre weniger Last als Reichtum und Fülle bedeuten". Sie verzichtete in jungen Jahren auf eine große Liebe; dabei waren der Mann und sie „von Gott und von der Natur her wie *ein* Mensch ... Wenn sie sich ansahen, so stürzten ihre Augen ineinander wie zwei Sonnen, die sich im Universum begegnen", und wenn sie zusammen sprachen, brauchten sie „sich ihre Gedanken nur anzudeuten, um alles voneinander zu wissen, ja oft brauchten sie nicht einmal das". Sie „starb, wie stolze und edle Heiden sterben. Ihr Tod war antlitzhaft und erhaben. Sie sah ihn bewußt auf sich zuschreiten als eine schwermütige Gestalt mit dunklem, unergründlichem Blick. Sie empfing ihn verhüllten Hauptes, ehrfürchtig und vollkommen schweigend, ganz einsam." Von ihrer Enkelin nahm sie keinen Abschied; „sie wußte nichts mehr zu tun, als lautlos über die dunkle Brücke zu schreiten. In dieser Lautlosigkeit lag ihre letzte Liebe."[165] Peter Dörfler und Gertrud von Le Fort setzten zwei Grenzpunkte in einer von öffentlichem Wirken und objektivem Werk freien, rein menschlichen Welt. Zwischen der durch sie anschaulich gewordenen Polarität liegen viele Möglichkeiten. Vielleicht wäre es wichtig, auch bei der Erzählung „Die Letzte am Schafott" (1931) von Gertrud von Le Fort zu verweilen oder bei Sigrid Undsets (1882–1949) „Kristin Lavranstochter" (1920–1922) oder bei Franz Werfels (1890–1945) Romanen „Barbara oder die Frömmigkeit" (1929) und „Der veruntreute Himmel" (1939).

Ein neuer Kreis des Werdens tut sich uns dort auf, wo Frauen, ganz *fraulich lebend*, zugleich ein *Werk* schaffen. Unmerklich, überraschend auch für die, die es selbst hervorbrachte, entstand das Werk der Anna Mary Robertson Moses (1860–1964), die Amerika zärtlich die malende Großmutter, Grandma Moses, nennt. Sie verlebte die Kindheit mit zahlreichen Geschwistern auf der Farm ihrer Eltern. Nach ihrer Heirat zog sie mit ihrem Mann, einem Meiereibesitzer, nach Virginia. 1905 kehrte sie dann wieder in ihre Heimat zurück. In Eagle Bridge, einer idyllisch gelegenen Farm, beschäftigte sie sich, neben Hausarbeit und Kindererziehung mit Bildstikkerei und der Anfertigung kleiner Ölbilder; als sie damit begann, war sie 77 Jahre alt, ohne je Mal- oder Zeichenunterricht erhalten zu haben. Sie blickte einfach zum Fenster hinaus und fand so ihre Motive: die leicht hügelige Landschaft und das Treiben auf dem Hofe. Einige Bilder verschenkte sie an Nachbarn und Bekannte; andere verkaufte sie auf Wochenmärkten zusammen mit der Fruchtmarmelade, die sie eingemacht hatte. Der Sohn der Grandma Moses, der seit dem Tode ihres Mannes die Farm bewirtschaftete, bat einen Geschäftsmann, einige Bilder seiner Mutter in Kommission zu nehmen und im Schaufenster auszustellen. Ein angesehener New Yorker Kunstsammler sah im Ladenfenster die Bilder und erkannte das ursprüngliche Talent der Malerin. Als 1940 eine New Yorker Galerie die erste Ausstellung von Werken der Grandma Moses veranstaltete, brach in Amerika ein Sturm der Begeisterung los, weil sie so rein und einfach und so amerikanisch Leben zu erzählen vermochte. Frau Robertson war überrascht und begriff nicht die vielen Ehrungen, die über sie hereinbrachen. Die Menschen aber waren dankbar, daß sie die Dinge ihrer eigenen Welt ohne Rangunterschiede als gleichwichtig darstellte: Menschen, Blumen, Bäume und Vögel, ein altes Automobil, Sonne und Himmel im Wechsel der Jahreszeiten und die Vorbereitung zu ländlichen Festen. Nach einem langen, oft sehr schweren, aber immer freudigen und kraftvollen Leben starb Grandma Moses im Alter von 104 Jahren[166]. Aus gleicher Herzlichkeit kam die große Leistung der Marie Curie (1867–1934), die 1898 zusammen mit ihrem Gatten Pierre (1859–1906) die radioaktiven Elemente Polonium und Radium entdeckte und letzteres 1910 rein darstellte. Ihre Tochter Eve Curie (geb. 1904) beschrieb mit eindringlicher Schlichtheit dieses Leben[167], in dem die Kräfte des Verstandes und die Ursprünglichkeit des Forschens im Natürlichen wurzelten und in der liebenden Hingabe sich erfüllten. Maria Sklodowska wurde 1867 in Warschau als Tochter eines Gymnasiallehrers geboren. Schon ihre frühe Jugend, durch die das Glück einer innigen Verbundenheit mit ihren Eltern ging, stand unter einer ungeheuren Spannung: daß ihr geliebtes polnisches Land von den Russen maßlos unterdrückt wurde. Sie wurde zur leidenschaftlichen Polin und bewahrte sich diese Empfindungen einer zu jedem Wagnis und jeder Mühe bereiten Vaterlandsliebe bis an ihren

Tod, stets darum besorgt, ihren Landsleuten zu helfen und – nach dem Krieg – dem wiedererstandenen Polen die wissenschaftlichen Arbeitsstätten zu schaffen, die es brauchte. Früh regte sich in ihr eine große Begabung. Aber wie bei so vielen bedeutenden Menschen war diese Begabung noch nicht eindeutig festgelegt, noch nicht in *einer* Richtung differenziert. Sie zeichnete und dichtete, las die führenden Werke der Weltliteratur und der modernen Philosophen, freute sich am Erlernen von Sprachen und ebenso an mathematischen und naturwissenschaftlichen Aufgaben. Dabei war sie alles andere als stubenhockerisch. Sie liebte das bäuerliche Leben, und so hielt sie es auch später in Paris, bis in ihre letzten Tage hinein. Sie war sehr anmutig, und ihre Schönheit vervollkommnete sich später noch, bis das Gesicht der alten, von furchtbarsten Leiden erschütterten Frau zu durchgeistigtem Adel sich vertiefte. Sie konnte auch herzhaft frech sein, so gegen die verhaßte russische Aufpasserin, ihre Lehrerin Fräulein Mayer, die sie so kühl und beharrlich ansah, daß die immer und ewig Tadelnde verwirrt wurde und ihr dieses Anstarren von oben herunter verbot. „Wenn ich aber doch nicht anders kann!", antwortete Maria Sklodowska; denn sie war um einen Kopf größer als jene.

Das Einkommen der Familie war so schmal, daß nicht zwei Kinder auf einmal studieren konnten. Da trat sie zugunsten der älteren Schwester, die in Paris das ärztliche Studium durchführen wollte, zurück und betätigte sich sechs Jahre als Erzieherin, um mit ihrem kleinen Gehalt die Schwester mitunterstützen zu können. Die Schwester heiratete in Paris einen Arzt, und beide eröffneten eine Praxis, noch unter sehr bescheidenen Verhältnissen. Aber schon boten sie sich an, nun der jüngeren Schwester den Weg zu bahnen. Maria fuhr 1891 nach Paris. Sie war nicht mehr so jung wie ihre Mitstudenten. Und sie war unglaublich arm. Um nur ja gesammelt arbeiten zu können, wohnte sie fern von der Schwester in einer Dachstube. Sie gönnte sich kaum ein warmes Essen. Brot und etwas Obst ersetzten ihr die Mahlzeiten. Mehr als zwei Kleider besaß sie nicht. Oft reichte das Geld nicht für Brennstoff, und sie fror entsetzlich. Aber was machte das alles! Sie lernte und lernte – nicht mit dem finsteren Eifer der Subalternen, sondern mit der Inbrunst eines Menschen, dem eine ganze Welt aufging, der im Studium der Naturwissenschaften mit immer größerem Staunen die Zusammenhänge im Bau des Universums zu begreifen begann. Allen unnahbar, eine schüchterne, ärmliche Studentin, die sie im Grunde ihr ganzes Leben hindurch blieb, manchmal an Unterernährung und Übermüdung zusammenbrechend, aber mit eisernem Willen die Schwäche des Körpers niederkämpfend, gehörte sie vier Jahre in geradezu heroischer Anspannung ihrem Studium, das sie mit glänzenden Examina abschloß.

Die Sechsundzwanzigjährige wollte nach Warschau heimkehren, um Lehrerin zu werden. Da lernte sie durch einen Zufall, den die wissenschaftliche Arbeit mit sich brachte, 1894 den damals 35jährigen genialen französischen Physiker Pierre Curie kennen, der im Ausland bereits einen großen Ruf hatte, aber in Frankreich ein Schattendasein führte. Bis dahin hatte sie an Heirat nicht gedacht. Aber mit liebevoller Hartnäckigkeit bestimmte er sie, in Frankreich zu bleiben und seine Frau zu werden. Sie zögerte lange. 1895 heirateten sie, und nun begann eine Ehe, die voll Glück war und die zugleich beide auf den Gipfel ihrer wissenschaftlichen Erkenntnis führte.

Marie freute sich echt fraulich an den gemeinsamen Wanderungen mit dem Gatten, an ihren abendlichen Gesprächen und an der Laborarbeit, auch und vor allem an dem Kind Irene, das 1897 geboren wurde. Mit Eifer betreute sie das Haus. Sie studierte das Kochbuch wie früher die Lehrbücher der Physik. Sie machte sich Notizen über geglückte und mißglückte Speisen. Sie stillte ihr Kind. Morgens, mittags, abends, nachts versorgte sie es. Die Amme führte tagsüber das Kind aus, während die Mutter im Laboratorium arbeitete und manchmal erschrocken herausstürzte, um nachzusehen, ob mit dem Kind noch alles in Ordnung war.

Sie bereitete nun ihr Doktorat vor. Auf der Suche nach einem noch wenig erforschten Gebiet stieß sie auf die Salze eines seltenen Metalls, des Urans. Sie begann ihre Untersuchungen, die sie plötzlich in eine völlig unerwartete Richtung lenkten: die Uransalze senden spontan Strahlen unbekannter Art aus, Aber auch – und da setzte das Neue ein – das Thorium hatte diese Eigenschaft. Sie nannte die Stoffe, die jene besondere Strahlung aussenden, radioaktiv. Doch zeigte sich, daß die Strahlung nicht an Uran und Thorium geknüpft ist. Sie mußte von einem unbekannten chemischen Element herrühren. Nun galt es, das neue Element zu finden und rein darzustellen.

Pierre Curie ahnte die Tragweite der Entdeckung, die sich erst in vagen Umrissen abzeichnete. Er ließ seine eigenen Forschungen liegen und half seiner Frau. Untrennbar verwuchsen die Ergebnisse beider. Aus der Pechblende gewannen sie eine neue Substanz; sie nannten sie patriotisch „Polonium“. Aber nun wollte sie das Neue den Ungläubigen zeigen. Vier Jahre dauerte es, bis die neuen Stoffe sich enthüllten. Aus acht Tonnen Pechblende-Schlacken arbeitete Marie Curie das Radium heraus. Kein Mensch gab ihnen Geld, Hilfsarbeiter, Räume. Sie hatten beide ein lächerliches Einkommen. Sie hausten beide in einem Schuppen, der ihnen als Laboratorium diente und in dem sie im Winter 6 Grad Celsius maßen. Aber es mußte gehen. Marie rührte auf dem Hof stundenlang die siedende Materie in einem eisernen Zuber um. Sie tat die Arbeit eines Fabrikarbeiters. Sie verlor den Mut nicht. „Ich möchte gerne wissen, wie es sein, wie es aussehen wird“, sagte Marie eines Tages, „in welcher Form stellst du es dir vor, Pierre?“ „Ich weiß es nicht“, antwortete er leise, „ich möchte, daß es eine sehr schöne Farbe hat.“ Sie war Physiker, Chemiker, Ingenieur und Schwerarbeiter in einer Person. Und es gelang, an Radium immer reichere Stoffe herzustellen. Doch der Kohlenstaub im Schuppen verunreinigte die Stoffe wieder. Man müßte jetzt einen anständigen Raum bekommen! Aber obwohl beide schon eine große Reihe aufsehenerregender Arbeiten veröffentlicht hatten, fanden sie keine Hilfe. Pierre wollte den Kampf aufgeben. Aber Marie wurde eigensinnig. 45 Monate nach dem Tage, an dem die Curies das wahrscheinliche Vorhandensein des Radiums angekündigt hatten, gelang es Marie, ein Dezigramm reines Radium herzustellen. Es war im Jahre 1900. Ihr Kind war vier Jahre alt. Sie hatte es eines Abends wie gewöhnlich zu Bett gebracht. Aber nun drängte es sie, mit Pierre noch einmal in den Schuppen zu gehen und das Radium zu betrachten. Es hatte eine eigene Leuchtkraft; geisterhaft schimmerte es in dem dürftigen Raum. „Mit geneigtem Kopf“, so erzählte ihre zweite Tochter Eva, „in der gleichen Haltung wie eine Stunde vorher am Bett ihres Kindes, sitzt Marie da. Die Hand des Gefährten streicht leise über ihr Haar. Nie wird sie das Märchen dieser Nacht vergessen.“

Die neue Entdeckung brachte einen Umschwung in die Physik: die Lehre von den unveränderlichen Atomen war hinfällig geworden. Und mehr: schon 1901 ergab sich, daß das Radium in der Krebsbehandlung eine Rolle spielen konnte. Eine Radiumindustrie begann. Pierre und Marie lehnten es ab, sich ihre Entdeckung patentieren zu lassen. Sie haßten Geld und Geschäft. Allen sollte das wichtige Element gehören. Darum wählten sie die Armut. Pierre fand bis zu seinem Tode nicht die würdigen Arbeitsmittel, die ihnen die damals ausgeschlagene Einnahme hätte verschaffen können. Marie konnte erst im letzten Jahrzehnt sorgenfrei leben. Frankreich war sehr undankbar gegen die beiden großen Entdecker. Ja, es setzte sie oft in beleidigender Weise zurück. Später, nach dem Krieg, geschah es, daß Marie selber nicht über *ein* Gramm Radium verfügte; Amerika mußte es ihr schenken. Trotzdem bereute sie den damaligen Verzicht auf die Patentierung nicht.

Marie Curie vollbrachte ihre Leistung aus der Durchdringung von Kühnheit und Logik, von Intuition und einem außerordentlichen Sinn für das Praktische. Sie hatte eine schöpferische Neugier und eine unbesiegbare Zähigkeit.

April 1906 fiel ihr Gatte einem Verkehrsunfall zum Opfer. Sie kam sich wie vernichtet vor. Nichts freute sie mehr. Dennoch blieb sie an ihrem Platz: um der Kinder willen und um das jäh abgebrochene Werk ihres Mannes fortzusetzen. Doch seitdem verschloß sie voll Trauer ihr Innerstes. Sie übernahm die Professur ihres Mannes. Sie kämpfte mit den alltäglichsten Sorgen.

Aber ihr Leben sollte noch lange nicht erschöpft sein. Es kam der Krieg. Sie erkannte gleich in den ersten Mobilmachungstagen, daß die Regierung in kurzsichtiger Sparsamkeit nicht für genügend Röntgenstationen gesorgt hatte. Sie richtete im Lauf des Feldzugs 220 Röntgenstationen ein, wo über eine Million Verwundeter untersucht wurden. Ruhelos fuhr sie zwischen Paris und der Front hin und her. Auch die langweiligsten Amtsstellen besiegte sie mit ihrer Energie. Dazwischen baute sie das Curie-Institut, das sie sich endlich von der Regierung erstritten hatte; natürlich war es bescheiden. Als der Krieg zu Ende war, dankte man ihr nicht einmal mit einer Kriegsauszeichnung: dabei wurden die Orden wahrhaft billig ausgeteilt. Unablässig schuf sie weiter. Sie hielt sich die Reklametrommler und Nutznießer des Ruhms vom Leibe. Aber um zu einem Gramm Radium zu kommen, mußte sie sich in Amerika schließlich immer wieder der Öffentlichkeit zeigen. Die ärmlich gekleidete, schweigsame, schöne, einfache Frau machte auf die Menschen einen ungeheuren Eindruck. Mütterlich widmete sie sich den Mitarbeitern im Labor. Stolz buchte sie die Erfolge ihrer jungen Mitstreiter. Ihr alter Vater erlebte noch den Ruhm seiner Tochter. Ihr zarter Körper hielt erstaunlich viel aus. Ihre Hände waren verarbeitet und vom Radium verbrannt. Der Umgang mit der neuen Substanz wurde die Ursache ihres Todes. Ihr Blut zersetzte sich allmählich durch den Einfluß der Röntgenstrahlen und des Radiums. Am 4. Juli 1934 starb sie nach langem Todeskampf.

Das fünfte und letzte Kapitel meines versuchshaften Buches trägt die Überschrift „Es wird eine Persönlichkeit". Dieses Werden trat noch einmal in den Ausführungen über die Frauen hervor. Romane erzählen Entwicklungen (Peter Dörfler und Gertrud von Le Fort). Bisweilen ergibt sich aus einer überraschenden persönlichen Entfaltung ein Werk (Mary Robertson Moses und Marie Curie), eng verbunden mit dem spezifisch fraulichen Schicksal.

Zum Schluß sei der Weg einer Frau betrachtet, die erst allmählich zu sich selber fand, dann um die innere Wahrhaftigkeit und Erneuerung der Gesellschaft kämpfte und nebenbei in ausdrucksstarken Büchern ihr inneres und äußeres Leben darzustellen wußte. Teresa von Ávila (1515–1582)[168] stammte aus altadligem Geschlecht und wuchs in einer Familie mit insgesamt zwölf Kindern auf. Sie war ein schönes Mädchen mit hübschen kleinen Händen, schwarzen krausen Haaren und schwarzen Augen. Ihre Brauen, dunkelblond und etwas buschig, verliefen fast gerade. Drei kleine Muttermale belebten die linke Seite ihres Gesichtes. Anmut bewegte sie, und sie hatte die Gabe der anregenden Unterhaltung. 1535 trat sie in den Orden der Karmeliterinnen ein – eine temperamentvolle, eigenwillige, entschlossene junge Frau, aber führte im Grunde 18 Jahre lang ein unklösterliches Leben: Tag für Tag Besuch ihrer Verwandten und Freunde, sprühende Gespräche, ein zerstreuender Abglanz des bunten Treibens draußen vor den Klostermauern. Sie sagte über sich selbst: „Ich kann nichts als schwatzen." Erst 1554 oder 1555, als sie vierzig Jahre alt war, wandelte sie sich nach der Lektüre der „Bekenntnisse" des heiligen Augustinus von Grund auf: „Damals", bekannte sie, „erhielt meine Seele vor Gott große Kraft." Sie setzte sich nun zum Ziel, die ins Nichtstuerische und Schmarotzerische abgesunkenen Klöster zu reformieren. Der Widerstreit der angepaßten und der aufbruchswilligen Kirche stellte sich in dem Gegensatz der beschuhten und der unbeschuhten Karmeliter dar. Das Unbeschuhtsein war ein Zeichen: daß man ernsthaft christlich leben wollte – zu Gott und zu den Menschen hin, nicht aus der Bequemlichkeit, der Macht oder dem Reichtum. Die damalige Gesellschaft erkannte wohl, was sich in dem Zeichen des Unbeschuhtseins ausdrückte. Viele fühlten sich angegriffen, gerade auch Nonnen, die höhere Geistlichkeit, führende Familien. Aufregung steigerte sich manchmal bis zum Aufruhr. Karmeliter nach der „milden Regel" bewaffneten sich in Sevilla, als sie den Apostolischen Visitator erwarteten, der Karmeliter von der strengen Regel war; ja, einige befürchteten, man könnte ihm vergiftetes Essen vorsetzen. Nonnen wurden exkommuniziert, weil sie Teresa zur Priorin wählten; aber sie hielten ihr die Treue. Es kam zum Höhepunkt, als die beschuhten Karmeliter den unbeschuhten Karmeliter Johannes vom Kreuz verhafteten und neun Monate in einem sehr engen Kerker gefangenhielten, in dem er trotz seiner Kleinheit kaum aufrecht stehen konnte. Die Väter der „milden Observanz" mißhandelten und geißelten ihn, bis er schließlich in dunkler Nacht entfliehen konnte. Juan de la Cruz (1542–1591) schuf u. a. aus der mystischen Tiefe seiner Gotterfahrung Gedichte von ungewöhnlicher rhythmisch-klanglicher Schönheit. Teresa schrieb während seiner Inhaftierung an Philipp II. (1527–1598; König von Spanien 1555–1598), sie sähe Juan lieber in den Händen der Mauren, sie würden mehr Mitleid mit ihm haben. Der päpstliche Nuntius Saga nannte Teresa 1578 ein „unruhiges und unbeständiges Weib" und verbannte sie in das Kloster von Toledo. Erst 1579 erreichte sie die Anerkennung ihrer Reform, und zwar durch Vermittlung des einsichtsvollen Königs. Bei all diesen Auseinandersetzungen handelte es sich nicht um innerkirchliche Querelen, sondern um ein Entweder-Oder: daß sich die Menschen für Christus entschieden oder der Welt verfielen. Es wiederholte sich die Situation des Entweder-Oder, die Christus vor seinen Jüngern so verkündete (Matth. 6,24): „Niemand kann zwei Herren dienen; denn entweder wird er den einen hassen und den anderen lieben; oder er wird dem einen ergeben sein und den anderen mißachten. Ihr könnt nicht Gott und dem Mammon dienen." Der Ausdruck „Mammon" bezeichnet den irdischen Besitz, den der Mensch zu seinem Götzen macht.

Teresa hatte die Kraft, sie selbst zu bleiben auch in größter Bedrängnis (vgl. S. 25ff.). Als der Dominikaner Hernández Teresa kennenlernte, sagte er: „Man hat mir erzählt, sie sei eine Frau. Aber dem ist nicht so, es ist ein Mann, und zwar einer der männlichsten, die ich je kennengelernt habe." Natürlich verfiel hier der Dominikaner dem Vorurteil vom sogenannten schwachen Geschlecht; so äußerte er eine männliche Schutzbehauptung zur Verdeckung der eigenen Schwäche. Teresa aber war noch viel mehr als tapfer und unbedingt. Sie erwies sich auch als eine erstrangige Prosaschriftstellerin in ihren fünf Büchern: Libro de su vida; 1562–1566 (Geschichte ihres Lebens)[169] / Libro de las misericordias de Díos; 1566 (Buch von den Erbarmungen Gottes) / Camino de perfección; gedruckt 1583 (Weg der Vollkommenheit) / El castillo interior; 1577 (Die Seelenburg. Erstmalige Beschreibung der Stufen des mystischen Lebens) / Libro de las fundaciones; 1582 (Buch der Klostergründungen; voll harter Wirklichkeit und voller Humor).

Sie schrieb glänzende, aber nach eigenem Geständnis auch „schreckliche" Briefe und teilte z. B. einem Bischof mit: „Mir ward gezeigt, wie Euer Gnaden die Hauptsache fehlt: das Gebet mit angezündeter Leuchte und die Salbung des Heiligen Geistes"; daher rühre die Dürre und Zusammenhanglosigkeit in seiner Seele[170]. Mehr als 400 Briefe von ihr sind erhalten aus den Jahren 1561 bis 1582.

Wie alle Persönlichkeiten war auch Teresa rundherum Mensch. Sie war gegen Übertreibungen und schaffte z. B. den Totenkopf im Klostersiegel ab. Sie mochte keine Bußquälereien: „Nonnen sind keine Sklaven." Sie war gegen Kopfhängerei und jegliche Hysterie. Visionen und Verzückungen stand sie kritisch gegenüber: „Nicht jedes kleine Spiel unserer Phantasie ist eine himmlische Erscheinung."

Sie hatte Freude an der Natur und nahm in den Erholungsstunden das Tamburin, tanzte, sang und improvisierte Verse inmitten der Nonnen: Lachen und Scherzen sei notwendig,

„um das Leben ertragen zu können". Zwischendurch verrichtete sie Hausarbeiten und verdiente Geld für den Unterhalt ihrer Klöster. Ihre Reisen zu den von ihr gegründeten Klöstern verliefen oft abenteuerlich. Oft liefen die Leute herbei, um „die Heilige" zu sehen; so nannten sie das Volk und auch Geistliche schon zu Lebzeiten. Sie aß hin und wieder gern etwas Gutes; ihre Lieblingsspeise war Rebhuhn, was für ihren Geschmack spricht. Einmal war sie eingeladen und erhielt ihr Lieblingsgericht. Da machte das Dienstmädchen im Anblick der vergnügten Teresa eine wegwerfende Bemerkung über die geringe Abtötung dieser Heiligen. Teresa rief sie zu sich und sagte: „Du solltest lieber die Freundlichkeit deines Herrn loben. Und merke dir: wenn Buße, dann Buße; wenn Rebhuhn, dann Rebhuhn." Mit einem solchen Grundsatz kommt man weit. Ihr Äußeres wurde nur einmal in einem Porträt festgehalten, das ein Laienbruder des Ordens, Fray Juan de la Miseria, malte. Er hatte einen symbolischen Namen; denn als Teresa das Bild sah, sagte sie: „Gott verzeih es Ihnen, mein Vater." [171]

Die Kraft, sie selbst zu bleiben, gewann Teresa wohl aus der Kraft der Liebe. So bezeugen es die ihr zugeschriebenen Verse [172]:

Nicht Hoffnung auf des Himmels sel'ge Freuden
Hat dir, mein Gott, zum Dienste mich verbunden,
Nicht Furcht, die ich vor ew'gem Graus empfunden,
Hat mich bewegt, der Sünde Pfad zu meiden.

Du, Herr, bewegst mich, mich bewegt dein Leiden,
Dein Anblick in den letzten bangen Stunden,
Der Geißeln Wut, dein Haupt vom Dorn umwunden,
Dein schweres Kreuz und – ach! – dein bitteres Scheiden.

Herr, du bewegest mich mit solchem Triebe,
Daß ich dich liebte, wär' kein Himmel offen,
Dich fürchtete, wenn auch kein Abgrund schreckte;
Nichts kannst du geben, was mir Liebe weckte;
Denn würd' ich auch nicht, wie ich hoffe, hoffen,
Ich würde dennoch lieben, wie ich liebe.

*

Wie die übrigen in diesem Abschnitt erwähnten Frauen ist auch Teresa von Ávila nur *eine* Art von Persönlichkeit unter zahlreichen anderen Arten. Ihr verwandt war in vielen Zügen Hildegard von Bingen (1098–1179): eine Heilige von ungewöhnlicher Tatkraft, verehrt von den Großen des Abendlandes und beliebt beim einfachen Volk, Ärztin und naturkundige Frau, Dichterin und Seherin, der Malerei und der Musik zugetan, unbeugsam auch gegenüber der geistlichen Obrigkeit, wenn sie machtgierig das Recht beugte[173]. In einem ganz anderen Lebenskreis waren beheimatet Madame de Stael (1766–1817), von wahrhaft europäischer Ausstrahlung, die geistreiche und hocherotische Caroline Michaelis-Böhme-Schlegel-Schelling (1763–1809) oder die kluge, zugleich sozial und menschlich mitfühlende Marie von Ebner-Eschenbach (1830–1916).

Die hier getroffene Auswahl der männlichen Persönlichkeiten ist genauso einseitig. Die Akzentuierungen unseres Buches erklären sich aus seinem Ziel:

es sollte anschaulich werden, wie Persönlichkeiten in *unserer* Zeit aussehen können: ein Entdecker / ein Bewahrer und Erretter / ein Genie (S. 33–128);

es war zu zeigen, daß sich manchmal Persönlichkeiten erst in gewissen angespannten Situationen herausbilden, etwa im Kampf gegen den Nationalsozialismus, und danach wieder simple Menschen sind (S. 132ff.);

Persönlichkeiten gibt es in allen Bereichen des Lebens, nicht nur im Bereich des objektivierten Geistes (S. 141f.);

der weite Horizont der geschichtlichen Wirklichkeit öffnete sich in den Schlußbemerkungen über Frauen: Frauen in der Familie / Farmerin und Malerin, Mutter und Naturwissenschaftlerin / eine die Gesellschaft bedrängende und verändernde Heilige. Sie verteilen sich auf die Zeit zwischen 1515 und 1964.

Anmerkungen

[1] Frankfurter Allgemeine Zeitung. 21. März 1977.
[2] Heinrich *Lützeler:* Weltgeschichte der Kunst. Gütersloh 1966. S. 432 und 440.
[3] Fritz und Ingeborg *Neske:* dtv-Wörterbuch englischer und amerikanischer Ausdrücke in der deutschen Sprache. 2. Aufl. München 1975. – Josef *Werlin:* Dudentaschenbücher. Wörterbuch der Abkürzungen. Mannheim 1971.
[4] *Duden:* Fremdwörterbuch. 3. Aufl. Mannheim 1974. S. 674.
[5] Werner *Betz:* Zwei Sprachen in Deutschland? In: Deutsch-gefrorene Sprache. Berlin 1964. S. 156f. – Ders.: Aufs Maul geschaut – Deutsch, wie es wurde und wirkt. In: Dialog mit der Gegenwart. Zürich 1975. S. 59–67. – Ders.: Sprachkritik – Das Wort zwischen Kommunikation und Manipulation. Zürich 1975.
[6] Gerd *Wille* mit Autorenkollektiv der SDS-Gruppe in Bonn: Die repressive Universität. Probleme der Hochschulreform als Ausdruck der Widersprüche des organisierten Kapitalismus Westdeutschlands. Die gesamt-gesellschaftlichen Aufgaben fortschrittlicher Studenten. Bonn 1968.
[7] *Duden:* Rechtschreibung der deutschen Sprache und der Fremdwörter. 17. Aufl. Mannheim 1973. S. 514.
[8] George *Orwell* (1903–1950): Nineteen Eightyfour. 1949. Deutsch: 1984.
[9] *Duden:* a.a.O. (Anm. 4). S. 444.
[10] Martin *Heidegger:* Sein und Zeit. 11. Aufl. Tübingen 1967. S. 126–130.
[11] Walter *Brugger:* Philosophisches Wörterbuch. 14. Aufl. Freiburg 1976. S. 287–289. – Rudolf *Eisler:* Wörterbuch der philosophischen Begriffe. 4. Aufl. Bd. 2. Berlin 1929. S. 393–401. – Johannes *Hoffmeister:* Wörterbuch der philosophischen Begriffe. 2. Aufl. Hamburg 1955. S. 459f. – Max *Müller* und Wilhelm *Vossenkuhl:* Person. In: Hermann Krings, Hans Michael Baumgartner und Christoph Wild: Handbuch philosophischer Grundbegriffe. Bd. 2. München 1973. S. 1059–1070.
[12] Immanuel *Kant:* Kritik der praktischen Vernunft. 1788. 1. Teil. 1. Buch. III. Hauptstück: Von den Triebfedern der reinen praktischen Vernunft.
[13] Wilhelm *Perpeet,* brieflich.
[14] Wolfgang von *Goethe:* Das Göttliche.
[15] Wolfgang von *Goethe:* Tagebuchaufzeichnung Friedrich von Müllers. 25. April 1819.
[16] Erich *Rothacker:* Schelers Durchbruch in die Wirklichkeit. Bonn 1949. S. 18.
[17] Walter F. *Schirmer:* Geschichte der englischen und amerikanischen Literatur. 5. Aufl. unter Mitwirkung von Arno Esch. Tübingen 1968. S. 256.
[18] Max *Bense:* Briefe großer Naturforscher und Mathematiker. Köln 1943. S. 228.
[19] Paul *Karlson:* Du und die Natur. Berlin 1950. S. 272.
[20] Nicolai *Hartmann:* Das Problem des geistigen Seins. Berlin und Leipzig 1933. S. 221 und 274.

[21] Richard *Friedenthal:* Goethe. Sein Leben und seine Zeit. 37.–42. Tausend. München 1964. „Napoleon-Zeit". S. 488–510, bes. S. 519 und 522f.

[22] Friedrich *Gundolf:* Goethe. 24.–30. Tausend. Berlin 1922. S. 536–544, bes. S. 539f.

[23] Johann Wolfgang von *Goethe:* Westöstlicher Divan. Unter Mitwirkung von Hans Heinrich Schaeder herausgegeben und erläutert von Ernst Beutler. Leipzig 1943. S. 593–596.

[24] Richard *Harder:* Kleine Schriften. München 1960. S. 438–461.

[25] Lexikon für Theologie und Kirche. Bd. 8. Freiburg 1963. Spalte 438–441. Bd. 9. Freiburg 1964. Spalte 487f.

[26] Das Evangelium nach Matthäus. Übersetzt und erklärt von Julius Schniewind. Göttingen 1950. S. 106.

[27] Friedrich Karl *Fromme:* Standfester Chef einer schwierigen Behörde und ein Fahnder mit Freude am Handwerk. Zum Tode des Generalbundesanwalts Siegfried Buback. In: Frankfurter Allgemeine Zeitung. 9. April 1977.

[28] Martin *Heidegger:* a.a.O. (Anm. 10) S. 68–72 (§ 15) und S. 102ff. (§ 25).

[29] Otto H. *Förster:* Kölner Kunstsammler vom Mittelalter bis zum Ende des bürgerlichen Zeitalters. Berlin 1931. S. 79–83, 86–88, 92–97, 100–101.

[30] Heinrich *Lützeler:* Kunsterfahrung und Kunstwissenschaft. Bd. 2. München 1975. S. 1307–1313.

[31] Der Abgrenzung von dem hier vertretenen Begriff der Persönlichkeit sind folgende Bücher förderlich: Kurt *Stavenhaben:* Person und Persönlichkeit. Göttingen 1957, und Hans *Thomae:* Das Individuum und seine Welt. Eine Persönlichkeitstheorie. Göttingen 1968.

[32] Wilhelm *Perpeet:* Erich Rothacker. Bonn 1968. S. 98–109.

[33] Wilhelm *Perpeet:* Aufgaben und Ergebnisse der Menschheitswissenschaft. Zum vorliegenden Werk Erich Rothackers. In: Deutsche Vierteljahrsschrift für Literaturwissenschaft und Geistesgeschichte. 32. Jg. (1958). H. 2. S. 173–215; bes. 173f., 176f., 192.

[34] Erich *Rothacker:* Zur Genealogie des menschlichen Bewußtseins. Eingeleitet und durchgesehen von Wilhelm Perpeet. Bonn 1966. S. IV, XV.

[35] Wilhelm *Perpeet:* a.a.O. (Anm. 32). Bes. S. 41.

[36] Erich *Rothacker:* Philosophische Anthropologie. Bonn 1964.

[37] Erich *Rothacker:* Toynbee und Spengler. In: Deutsche Vierteljahrsschrift für Literaturwissenschaft und Geistesgeschichte. 24. Jg. (1950). H. 3. S. 389–404.

[38] Erich *Rothacker:* a.a.O. (Anm. 16).

[39] Erich *Rothacker:* a.a.O. (Anm. 34). S. 233f.

[40] Erich *Rothacker:* Mensch und Geschichte. Bonn 1950: Vier Dichterworte zum Wesen des Menschen. S. 198f.

[41] Erich *Rothacker:* Das Geheimnis der Persönlichkeit. A.a.O. (Anm. 34). S. 275–283.

[42] Erich *Rothacker:* a. a. O. (Anm. 40). Das Wesen des Schöpferischen. S. 166 bis 193.

[43] Das Meisterwerk. Bd. 1. Recklinghausen 1963. Tafel 26. S. 101f.

[44] Wilhelm *Perpeet:* a.a.O. (Anm. 32). S. 8.

[45] Erich *Rothacker:* Geschichtsphilosophie. München 1934. S. 43ff., 84–112.

[46] Erich *Rothacker:* Logik und Systematik der Geisteswissenschaften. München und Berlin 1927. S. 27.

[47] Thomas *Mann:* Der Zauberberg. Bd. 2. Berlin 1925. S. 367 und 420.

[48] Erich *Rothacker:* a.a.O. (Anm. 40). S. 179.

[49] Erich *Rothacker:* a.a.O. (Anm. 36). S. 62.

[50] Erich *Rothacker* und Johannes *Thyssen:* Intuition und Begriff. Ein Gespräch. Bonn 1963. S. 149.
[51] Konkrete Vernunft. Festschrift für Erich Rothacker. Herausgegeben von Gerhard Funke. Bonn 1958.
[52] Erich *Rothacker:* Weltgeschichte. In: Der Mensch und die Künste. Festschrift für Heinrich Lützeler zum 60. Geburtstag. Düsseldorf 1962. S. 162–176.
[53] Erich *Rothacker:* Heitere Erinnerungen. Frankfurt a. M. 1963. S. 93.
[54] Heinrich *Lützeler:* Bildwörterbuch der Kunst. 2. Aufl. Bonn 1962. Spalte 56 f.
[55] Jean *Leymarie:* Fauvismus. Mit 70 farbigen Abbildungen. Genf 1959.
[56] *Platon:* Gastmahl. 218
[57] *Platon:* Phaidon. 117 b.
[58] Erich *Rothacker:* a. a. O. (Anm. 53). S. 19.
[59] Erich *Rothacker:* a. a. O. (Anm. 34). S. 82–112.
[60] Arnold *Gehlen:* Der Mensch. Seine Natur und seine Stellung in der Welt. Berlin 1940.
[61] Erich *Rothacker:* a. a. O. (Anm. 34). S. 141.
[62] Hochland. Monatsschrift für alle Gebiete des Wissens, der Literatur und der Kunst. Herausgegeben von Karl Muth. Gegründet 1903.
[63] Ernst Robert *Curtius:* Europäische Literatur und lateinisches Mittelalter. Bern 1948. S. 284.
[64] Edith *Ennen* und Dietrich *Höroldt:* Vom Römerkastell zur Bundeshauptstadt. Kleine Geschichte der Stadt Bonn. 3. Aufl. Bonn 1976. S. 310–314.
[65] Erich *Rothacker:* a. a. O. (Anm. 45). S. 145–150. Vgl. Wilhelm *Perpeet:* a. a. O. (Anm. 32). S. 42.
[66] A. a. O. (Anm. 26) S. 9–13. Vgl. Lukas 3, 23–38.
[67] Wilhelm *Perpeet:* a. a. O. (Anm. 32). S. 41 f.
[68] Erich *Rothacker:* Die Schichten der Persönlichkeit. Leipzig 1941. S. 62 und 149.
[69] Edith *Ennen:* Ernst Moritz Arndt (1769–1860). In: Bonner Gelehrte. Beiträge zur Geschichte der Wissenschaften in Bonn. Geschichtswissenschaften. Bonn 1968. S. 9–35.
[70] Günter *Maschke:* Ein Flaneur im Irrgarten der Vernunft. Zwei Bände mit Betrachtungen des Philosophen Michael Landmann.
[71] Erich *Rothacker:* a. a. O. (Anm. 36). S. 71.
[72] Erich *Rothacker:* a. a. O. (Anm. 53). S. 121.
[73] Erich *Rothacker:* a. a. O. (Anm. 34). S. 28.
[74] Ernest *Hemingway:* Der alte Mann und das Meer. 250. Tausend. Reinbek 1965. S. 92.
[75] Stefan *George:* Franken. In: Gesamtausgabe der Werke. Der Siebente Ring. Bd. 6/7. Berlin 1931. S. 19 – Nachrufe auf Erich Rothacker u. a. von: Werner *Betz.* In: Zeitschrift für deutsche Sprache. Bd. 21. Heft 3. S. 129 f. – Hans *Blumenberg.* In: Jahrbuch 1966 der Akademie der Wissenschaften und der Literatur. S. 70 bis 76.
[76] Der Prediger. 1, 2.
[77] Paul *Clemen:* Rheinische Baudenkmäler und ihr Schicksal. Ein Aufruf an die Rheinländer. Düsseldorf 1946. S. 37.
[78] Wolfgang von *Goethe:* Paläophron und Neoterpe.
[79] Ein Verzeichnis der Schriften Paul Clemens findet sich in dem Band: Paul *Clemen:* Gesammelte Aufsätze. Düsseldorf 1948. S. 287–300.
[80] *Aischylos:* Fragment 331.
[81] Paul *Clemen:* a. a. O. (Anm. 79). S. 189.
[82] Heinrich *Lützeler:* Grundstile der Kunst. Bonn 1934.

[83] Paul *Clemen:* Lob der Stille. Düsseldorf 1936.

[84] Albert: *Schulze Vellinghausen:* Anspielungen. Hannover 1972. – Ders.: Theaterkritik. 1952–1960. Hannover 1961.

[85] Max *Scheler:* Gesammelte Werke. Bern und München seit 1954. – Max Scheler (1874–1928). Centennial Essays. Edited by Manfred S. Frings. Mit einer Bibliographie (1963–1974). The Hague 1974. – Manfred S. *Frings:* Köln – Max Scheler – Chicago. In: Köln. Vierteljahrschrift für die Freunde der Stadt. 1977. Heft 1 (März). S. 28f.

[86] Gedächtnisschrift für Prof. Dr. Ernst Landsberg (1860–1927) / Frau Anna Landsberg geb. Silverberg (1878–1938) / Dr. Paul Ludwig Landsberg (1901–1944). Herausgegeben von der Rechts- und Staatswissenschaftlichen Fakultät der Rheinischen Friedrich Wilhelms-Universität in Bonn. Bonn 1953. S. 7f., 10f. – Karl *Albert:* Die philosophische Anthropologie bei P. L. Landsberg. In: Zeitschrift für Philosophische Forschung. Bd. 27 (1973). Heft 4. S. 582–594.

[87] Max *Scheler:* Schriften aus dem Nachlaß. Berlin 1933. S. 3–51.

[88] Elisabeth *Ströker:* Der Tod im Denken Max Schelers. In: Der Mensch und die Künste. Festschrift für Heinrich Lützeler zum 60. Geburtstag. Düsseldorf 1962. S. 74–87.

[89] Max *Scheler:* Vom Ewigen im Menschen. Berlin 1921. S. 68f. und 121f.

[90] Max *Scheler:* Vom Umsturz der Werte. Bd. 2. Leipzig 1919. S. 164f.

[91] Max *Scheler:* a. a. O. (Anm. 89). S. 4f.

[92] Überliefert nur in dem Roman der Gertrud von *Le Fort:* Das Schweißtuch der Veronika. 6.–10. Tausend. München 1929. S. 22.

[93] Max *Scheler:* Der Formalismus in der Ethik und die materiale Wertethik. 1913, 1916. 3. Aufl. Halle a. d. Saale 1927. S. 260–272.

[94] Max *Scheler:* a. a. O. (Anm. 93). S. 261f.

[95] Max *Scheler:* a. a. O. (Anm. 93). S. 268.

[96] Max *Scheler:* a. a. O. (Anm. 93). S. 399.

[97] Martin *Heidegger:* a. a. O. (Anm. 10). – Max *Scheler:* a. a. O. (Anm. 93). S. 507f. – Max *Scheler:* Wesen und Formen der Sympathie. 2. Aufl. Bonn 1923. S. 172f.

[98] Max *Scheler:* a. a. O. (Anm. 93). S. 104ff.

[99] Max *Scheler:* a. a. O. (Anm. 87). S. 440.

[100] Max *Scheler:* a. a. O. (Anm. 87). S. 438ff.

[101] Max *Scheler:* a. a. O. (Anm. 93). S. 204.

[102] Max *Scheler:* a. a. O. (Anm. 89).

[103] Max *Scheler:* a. a. O. (Anm. 90). Bd. 1. S. 32–42. – Joseph *Meurers:* Wissenschaft und Ehrfurcht. Zum 30. Todestag Max Schelers. In: Philosophia naturalis. Bd. 5 (1958). Heft 4. S. 378–412.

[104] Max *Scheler:* a. a. O. (Anm. 93). S. 509, 512, 529.

[105] Max *Scheler:* a. a. O. (Anm. 93). S. 530f., 533, 589.

[106] Max *Scheler:* a. a. O. (Anm. 93). S. 594.

[107] Max *Scheler:* Krieg und Aufbau. Leipzig 1916. S. 332.

[108] Max *Scheler:* a. a. O. (Anm. 90). Bd. 2. S. 324.

[109] Max *Scheler:* a. a. O. (Anm. 93). S. 543–557.

[110] Max *Scheler:* a. a. O. (Anm. 93). S. 568 und 585–589.

[111] Max *Scheler:* a. a. O. (Anm. 93). S. 593ff.

[112] Max *Scheler:* a. a. O. (Anm. 87). S. 70, 80, 94.

[113] Max *Scheler:* a. a. O. (Anm. 107). S. 274ff.

[114] Erich *Rothacker:* a. a. O. (Anm. 16). S. 18.

[115] Erich *Rothacker:* a. a. O. (Anm. 16). S. 4.

[116] Max *Scheler:* Philosophische Weltanschauung. Bonn 1929. S. 98ff.
[117] Max *Scheler:* a.a.O. (Anm. 107). S. 278, 323ff.
[118] Max *Scheler:* a.a.O. (Anm. 90). Bd. 2. S 276.
[119] Max *Scheler:* a.a.O. (Anm. 90). Bd. 2. S. 245–344: Der Bourgeois / Der Bourgeois und die religiösen Mächte / Die Zukunft des Kapitalismus.
[120] Max *Scheler:* a.a.O. (Anm. 90). Bd. 2. S. 141–190, bes. S. 160.
[121] Max *Scheler:* a.a.O. (Anm. 87). S. 5, 24ff.
[122] Max *Scheler:* a.a.O. (Anm. 87). S. 207, 210.
[123] Max *Scheler:* a.a.O. (Anm. 87). S. 199, 203.
[124] Max *Scheler:* a.a.O. (Anm. 87). S. 205f.
[125] Max *Scheler:* a.a.O. (Anm. 116). S. 113, 116.
[126] Max *Scheler:* Die Stellung des Menschen im Kosmos. 1928. München 1947.
[127] Max *Scheler:* a.a.O. (Anm. 116). S. 30f.
[128] Max *Scheler:* a.a.O. (Anm. 116). S. 101.
[129] Max *Scheler:* a.a.O. (Anm. 116). S. 30–34.
[130] Max *Scheler:* a.a.O. (Anm. 126). S. 65.
[131] Erich *Rothacker:* a.a.O. (Anm. 16). S. 14.
[132] Vorsokratische Denker. Herausgegeben von W. Kranz. Berlin 1939. S. 43.
[133] Max *Scheler:* a.a.O. (Anm. 116). S. 13, 79f., 149, 153. – Ders.: a.a.O. (Anm. 126). S. 85f.
[134] *Lactantius:* Vom Zorne Gottes. Kapitel 13.
[135] Franz *Blei:* Das große Bestiarium der modernen Literatur. Berlin 1922. S. 58f.
[136] Peter *Wust:* Ein Abschiedswort. Münster 1939.
[137] Otto H. *Förster:* Stefan Lochner. Frankfurt a.M. 1938. S. 15, 149f.
[138] Martin *Heidegger:* Aletheia. In: Vorträge und Aufsätze. Pfullingen 1954. S. 257–282. – Ders.: Holzwege. Frankfurt a.M. 1950. S. 41f.
[139] Martin *Heidegger:* a.a.O. (Anm. 10). S. 251. §§ 46–53.
[140] Oskar *Becker:* Dasein und Dawesen. Pfullingen 1963. S. 67–102.
[141] Friedrich *Hölderlin:* Sokrates und Alcibiades.
[142] Paul Ludwig *Landsberg:* Die Welt des Mittelalters und wir. Ein geschichtsphilosophischer Versuch über den Sinn eines Zeitalters. Bonn 1922. 3. Aufl. Bonn 1923. – Ders.: Die Erfahrung des Todes. Luzern 1937.
[143] Gustav *Wyneken:* Revolution und Schule. Leipzig o.J. S. 71.
[144] Reinhard *Sorge:* Der Bettler. 1912. 2. und 3. Aufl. Berlin 1918.
[145] Franz *Werfel:* Wir sind. Leipzig 1917. S. 91.
[146] Ulrich Gregor Enno *Patalas:* Geschichte des Films. Gütersloh 1962. S. 47–144 (1919–1929).
[147] Ludwig *Klages:* Handschrift und Charakter. 24. Aufl. Bonn 1956. Figur 69.
[148] Max *Scheler:* a.a.O. (Anm. 89). S. 279.
[149] Max *Scheler:* a.a.O. (Anm. 116), S. 11.
[150] Max *Scheler:* a.a.O. (Anm. 87). S. 151–224, 421–444.
[151] *Platon:* Gastmahl. 215f. – Ders.: Apologie. 27f.
[152] Edith *Stein.* Freiburg 1957. S. 38.
Zu Scheler noch einige weitere Hinweise. Max *Scheler:* Erkenntnis und Arbeit. Frankfurt a.M. 1976. – Felix *Hammer:* Theonome Anthropologie. Max Schelers Menschenbild und seine Grenzen. Den Haag 1972. – Paul *Good:* Von der Aktualität Schelers. In: Neue Zürcher Zeitung. 18. August 1974. – Ders.: Max Scheler im Gegenwartsgeschehen der Philosophie. Bern, München 1975.
[153] dpa: Bundeskanzler soll Rente stoppen. 18.4.1977. – Horst *Zimmermann:* Der „Große Bruder“ hat eine Schlacht verloren. Innenministerkonferenz beerdigte das Projekt „Personenkennzeichen“. In: Bonner Rundschau. 28.4.1977.

[154] *Aristoteles:* Nikomachische Ethik. IV 7.
[155] *Aristoteles:* a.a.O. (Anm. 154). VIII 1 und 8.
[156] Eduard *Hegel:* Universitätsprofessor Dr. Wilhelm Neuß (gest. 1965). In: Verein für christliche Kunst im Erzbistum Köln und Bistum Aachen. 1969–1975. Köln 1977. S. 13–18.
[157] Wilhelm *Neuß:* Kampf gegen den Mythus des 20. Jahrhunderts. Köln 1934. S. 9, 14f., 32, 10f., 18f., 7, 37, 30.
[158] Heinz *Küpper:* Wörterbuch der deutschen Umgangssprache. Hamburg 1955. S. 125.
[159] Frederic *Spotts:* Kirchen und Politik in Deutschland. Stuttgart 1976.
[160] Lexikon für Theologie und Kirche. Das Zweite Vatikanische Konzil. 3 Bände. Freiburg 1966–1968.
[161] Josef Kardinal *Frings:* Für die Menschen bestellt. Köln 1973.
[162] Peter *Dörfler:* Apollonia-Trilogie. Roman eines Geschlechtes (Die Lampe der törichten Jungfrau; 1930 / Apollonias Sommer; 1931 / Um das kommende Geschlecht; 1932).
[163] Wilhelm *Grenzmann:* Deutsche Dichtung der Gegenwart. Frankfurt a.M. 1953. S. 406.
[164] Gertrud von *Le Fort:* Das Schweißtuch der Veronika. München 1928. S. 17, 86f., 297f.
[165] Wilhelm *Grenzmann:* Dichtung und Glaube. Probleme und Gestalten der deutschen Gegenwartsliteratur. Bonn 1950. S. 268–277.
[166] Luis Gonzales *Robles* und Elida *Fezzi:* Amerikanische Malerei. Gütersloh 1966. S. 51, Tafel 22. – Otto *Kallier:* Grandma Moses. Köln 1975.
[167] Eve *Curie:* Madame Curie. Leben und Werk. Deutsch. 1954.
[168] *Teresa de Jesús:* Obras. 9 Bände. Burgos 1915–1924. – Deutsch: Werke. 2. Aufl. 6 Bände. München 1952.
[169] *Theresia von Jesus:* Das Leben der Heiligen –. Deutsch: München 1952.
[170] *Theresia von Jesus:* Briefe. Band 1. Regensburg 1852. S. 22.
[171] Maria Raphaele *Virnich:* Teresa von Ávila. Einsiedeln 1934. Bes. S. 52, 65, 69f., 71, 100–106.
[172] Zitiert bei Franz *Brentano:* Vom Ursprung sittlicher Erkenntnis. Hrsg. von Oskar Kraus. Leipzig 1934. S. 75 (Hinweis von Wilhelm Perpeet).
[173] Hildegard von *Bingen:* Gott ist am Werk. Übersetzt und erläutert von Heinrich Schipperges. Olten 1958. Dazu eine Reihe von Abhandlungen desselben Verfassers.

H. E. Köhler
Unsere Ahnen, die Germanen

45 Zeichnugen zu Tacitus' „Germania"
(Lateinisch-Deutsch)

„Dies sind die allgemeinen Nachrichten über den Ursprung und die Sitten des gesamten Germanenvolks, die ich bekommen konnte", schreibt Tacitus, der, um seinen Römern ins Gewissen zu reden, die unverbrauchte Kraft und besonders die sittliche Höhe des Volkes im Norden ins hellste Licht stellt. Seine Germania hat vielen Generationen von Gymnasiallehrern und ihren Schülern als nationales Vademekum gedient. Jetzt wagt es Professor H. E. Köhler, die Texte von Tacitus anders zu interpretieren – was keine Schmähung des Ahnenkults bedeutet: in 45 ganzseitigen Zeichnungen, köstlichen Szenen, erlebt man die alten Germanen und was sich von ihren teils recht rauhen Sitten über 2000 Jahre erhalten hat.